Oliver Bidlo

Schriften zum Theater

Über den Autor

Oliver Bidlo, Dr. phil., Studium der Kommunikationswissenschaft, Germanistik und Soziologie. Gründer und Herausgeber von *Thepakos⁺. Zeitschrift für Theater und Theaterpädagogik.* Arbeitet als freier Forscher aktuell im Bereich Wissens- und Bildungssoziologie sowie Kriminologie. Dozent an verschiedenen Universitäten und Hochschulen darunter u.a. der Ruhr-Universität Bochum, Universität Duisburg-Essen oder der Hochschule Düsseldorf.

Oliver Bidlo

Schriften zum Theater

Oldib Verlag

Bibliografische Information der Deutschen Nationalbibliothek
Die Deutsche Nationalbibliothek verzeichnet diese
Publikation in der Deutschen Nationalbibliografie;
detaillierte bibliografische Daten sind im Internet
über http://dnb.ddb.de abrufbar.

www.oldib-verlag.de
Oldib Verlag
Waldeck 14
45133 Essen
info@oldib-verlag.de
Herstellung: BoD, Norderstedt

ISBN 978-3-939556-52-7

Inhaltsverzeichnis

Theater des Lebens

Der hier vorliegende Band versammelt meine Aufsätze aus den ersten 11 Jahren Herausgeberschaft von *Thepakos⁺. Zeitschrift für Theater und Theaterpädagogik* (2006-2017). Zwar folgt aus der Herausgeberschaft nicht zwangsläufig eine Autorenschaft, aber in diesem Falle bot und bietet die Zeitschrift einen geeigneten Boden, um nicht nur *anzuordnen*, sondern hier und dort auch selbst schreibend tätig zu werden. Als Herausgeber ist man auch Seismograph der Entwicklungen, wird man aufmerksam auf Prozesse und Bewegungen, die allzuoft selbst heuristisch wirksam werden.

Es handelt sich meist um *kleine Schriften* oder manchmal auch *Short-Cuts*, die an dem Wesen der Zeitschrift und der jeweiligen Ausgabe ausgerichtet waren. Daraus folgt zum einen die meist überschaubare Länge der Beiträge, die zwischen zwei und 15 Seiten lagen, wie auch eine inhaltliche Ausrichtung, die die Aufsätze mitunter als Schnittstellenarbeiten ausweisen können. Die Aufsätze stehen dergestalt oft *zwischen* verschiedenen Disziplinen. Das wiederum weist die interdisziplinäre Ausrichtung der Zeitschrift aus.

Die hier versammelten Aufsätze sind überdies kein eins-zu-eins-Abbild der Thepakos-Aufsätze. Sie wurden für dieses Buch an einigen Stellen überarbeitet und mitunter erweitert. Allein das Medium *Buch* ist etwas anderes als eine *Zeitschrift*. Thepakos arbeitet mit Bildern, Illustrationen zum Text oder auch mit abgesetzten redaktionellen Einwürfen in den Beiträgen selbst, die beispielsweise auf eine aktuelle Aufführung zu dem behandelten Thema hinweisen und diese vorstellen. Auf die Übernahme dieser illustrativen sowie redaktionellen Elemente wurde – bis auf eine Ausnahme – verzichtet, da sie den Lesefluss und letztlich die klassische Buchoptik *gestört* hätten.

Eine Ausnahme zur oberen Beschreibung der hier versammelten Beiträge bildet der allen vorangestellte Beitrag „Denken in Modulen – Ästhetik, Kreativität und das Neue". Bei diesem handelt es sich um einen originären und hier erstmals veröffentlichten Aufsatz. Dieser ist überdies mit 39 Seiten wesentlich länger als die anderen Beiträge und fällt diesbzgl. etwas aus dem Rahmen.

Oliver Bidlo im August 2017

Denken in Modulen – Ästhetik, Kreativität und das Neue

Der Titel des Aufsatzes beinhaltet bereits die wesentlichen Begriffe, um die es im weiteren Verlauf gehen wird. Und merkwürdigerweise scheinen sie – die Ästhetik, Kreativität und das Neue – schon auf den ersten Blick eine gewisse Beziehung untereinander zu besitzen. Das Neue scheint per se eine gewisse Form der Wahrnehmung anzustoßen, die Sinne zu affizieren.

Ästhetische Artefakte sind oft Ergebnis von Kreativität und können besonders dann ästhetisch wirksam werden, wenn sie etwas Ungewohntes, Ungewöhnliches und mithin etwas Neues oder zumindest nicht etwas Altbekanntes offerieren – oder Altbekanntes in neue Kontexte stellt. Hier zeigt sich der in der Moderne sich durchsetzte romantische Impetus des Originellen, das Verlangen nach Neuem. Aber wir finden – z.B. bei Søren Kierkegaard – auch eine Hervorhebung und ästhetische Betonung der Wiederholung. In seiner Schrift „Die Wiederholung" (vgl. Kierkegaard 1955), die er unter dem Pseudonym Constantin Constantius veröffentlichte, steht die Wiederholung – neben Erinnerung und Hoffnung – als eine Hauptmöglichkeit der Zeiterfahrung der Menschen. Erinnerung und Hoffnung stehen jeweils für die Vergangenheit bzw. die Zukunft und sind für eine erfüllte und unmittelbare Gegenwart nicht geeignet, da sie entweder alles Gegenwärtige an die Vergangenheit knüpfen und mit Wehmut füllen (Erinnerung) oder in fortlaufender Aktion aus der Gegenwart neue Konfigurationen für die Zukunft suchen (Hoffnung). Nur die Wiederholung liegt gänzlich in der Gegenwart. „Die Wiederholung, sie ist die Wirklichkeit und des Daseins Ernst" (Kierkegaard 1955: 5). Die Wiederholung zielt dergestalt nicht auf eine reine Wiedererinnerung vergangener Erlebnisse und Situationen, sondern auf eine situative Erneuerung schon mal Gewesenen. Daher ist nach Kierkegaard die Wiederholung keine unveränderte Wiederkehr eines schon Gewesenen (vgl. auch Goldmann 2011). „Die Dialektik der Wiederholung ist leicht, denn das was sich wiederholt, ist gewesen, sonst könnte es sich nicht wiederholen; aber eben dies, daß es gewesen ist, macht die Wiederholung zu dem Neuen" (Kierkegaard 1955: 22). Dergestalt steckt in der Wiederholung zugleich Differenz. Und diese Differenz kann zugleich als Konkurrenz zum Neuen oder aber als das Neue per se verstanden werden. Eine Verbindung von Wiederholung (Kopie) und performativen Elementen findet sich in der zeitgenössischen Kunst in der *Appropriation Art*, wie z.B. bei dem New Yorker Künstler Mike Bidlo zu sehen ist. Sein künstlerisches Konzept ist gekennzeichnet von der Kopie ganzer Werkgruppen und der personalen Nachstellung von Kunstwerken, die solcherart performativ und installativ erweitert werden (vgl. auch M. Bidlo 1989). Aber auch die Performance als *eigentliches* und einmaliges, unwiederholbares Ereignis wird beispielsweise in der Neo-Avantgarde zu einem ästhetischen Wiederholungsphänomen (vgl. Kalu 2013).

Das Bild von der ewigen Wiederkehr[1] des Gleichen verweist bekanntlich auf Nietzsche und bildet in seiner Philosophie ein Grundgedanke. Zudem ist die Wiederkehr bei ihm positiv konnotiert. Er selbst hob diesen bejahenden Impuls hervor: „Die Grundconception des Werks [Also sprach Zarathustra], der Ewige-Wiederkunfts-Gedanke, diese höchste Formel der Bejahung, die überhaupt erreicht werden kann –, gehört in den August des Jahres 1881: er ist auf ein Blatt hingeworfen, mit der Unterschrift: '6000 Fuss jenseits von Mensch und Zeit'" (Nietzsche 1908: o.S.). Nietzsche versucht in Anlehnung an Heraklits „Alles fließt", die Welt als einen fortdauernden Prozess des Werdens und des Vergehens zu verstehen. In diesem Prozess, in diesem Strom des Werdens und Vergehens können sich alle Gestalten bilden, um sich daran anschließend im Strom der Zeit wieder aufzulösen. Da die Zeit unendlich ist, hat es jede mögliche Anordnung der Dinge bereits

[1] Nietzsche spricht selbst von *Wiederkunft*.

irgendwann gegeben, mehr noch alles muss schon unzählige Male gewesen sein. Hier würde Henri Bergson insofern widersprechen, da er zwei Mannigfaltigkeiten unterscheidet, die *temps méchanique* (Zeit der „Dinge) und die *temps vécu* (innere Dauer, *dureé*) und damit den Wesensunterschied zwischen Raum und Zeit verdeutlicht. Während die innere Dauer jeden Augenblick zu etwas Einzigartigem macht und nicht wiederholbar ist, weil der Mensch in der Zeit lebt und „dauert" (und dadurch frei wird), können bei den *temps méchanique* gleiche Anfangsbedingungen hergestellt werden. Bei diesen wäre eine ewige Wiederkehr des Gleichen in der Zeit möglich, bei der dureé nicht, da der Mensch hier eine Gedächtnisfunktion besitzt und somit durch den Fluss der Zeit die Wiederholung immer schon eine Änderung – einen anderen Zeitindex – beinhaltet (vgl. zu Bergsons Zeitkonzeption Bergson 1994: 106 ff.).

Die Wiederholung nicht als Kreislauf mit der Hervorbringung des Gleichen zu denken, sondern als Prozess, der zugleich Differenz hervorbringt, ist nun Gilles Deleuze' (vgl. Deleuze 2007) Lesart von Nietzsches „Ewige Wiederkehr", die dieser im *Zarathustra* erstmals vorgestellt hat. Die Differenz findet statt im Empirischen, in der „Aktualität des Hier-und-Jetzt" (Baugh 1996: 37), so dass z.B. die wiederholte Aufführung von Beethovens Siebenter Symphonie trotz einer Einheit von Form und Inhalt des Werkes differiert. „Das Empirische ist die Aktualität des Hier-und-Jetzt, die zwischen den Aufführungen differenziert und die Wiederholung des gleichen Werks möglich macht" (Baugh 1996: 37). Damit wird eine solche Aufführung trotz ihrer inhaltlichen Wiederholung zu einem Ereignis, zu einem Augenblick des Singulären. Bei Derrida (vgl. Derrida 2004) wird aus der Wiederholung die Iterabilität, eine Wiederholbarkeit und Zitathaftigkeit, aus der heraus die Andersartigkeit entspringt, da sie kontextbrechend ist. Deleuze hebt zudem hervor:

„Das Theater der Wiederholung tritt dem Theater der Repräsentation gegenüber, wie die Bewegung dem Begriff gegenübertritt, durch die sie auf den Begriff bezogen wird. Im Theater der Wiederholung erfährt man reine Kräfte, dynamische Bahnen im Raum, die unmittelbar auf den Geist einwirken und ihn direkt mit der Natur und der Geschichte vereinen, eine Sprache, die noch vor den Wärtern spricht, Gesten, die noch vor den organisierten Körpern, Masken, die vor den Gesichtern, Gespenster und Phantome, die vor den Personen Gestalt annehmen – den ganzen Apparat der Wiederholung, als ‚schreckliche Macht'" (Deleuze 2007: 26).

Um was aber handelt es sich nun bei dem Neuen? Handelt es sich um um eine Erfindung oder eine Entdeckung? Wird es entdeckt (vgl. Schröer/Bidlo 2011), ist es immer schon vorhanden, nur verhüllt und es muss *ent-deckt* werden. Dann ist das Neue nicht neu im Sinne von Noch-nie-da-gewesen, sondern etwas immer schon Vorhandenes, das bisher noch nicht entdeckt wurde. Aus dieser Perspektive war Amerika neu, als Kolumbus es für die westliche Welt entdeckte. Etwas anderes ist es, wenn das Neue erfunden bzw. geschöpft werden muss: Etwas, das noch nicht da war, wird erfunden im Sinne des Erschaffens; das Neue steht dann dem Schöpfen näher (vgl. auch Bidlo 2011a: 45). Neues lässt sich damit zweifach fassen: Es lässt sich „als eine analytisch reduzierbare Kombination von bereits bestehenden Eigenschaften, Strukturen etc. verstehen" (Pape 1994: 10). Oder es tritt etwas ursprünglich Neues auf, „das durch seine Eigenschaften, Strukturen, Relationen usw. nicht auf seine Ausgangsbedingungen rückführbar ist" (Pape 1994: 10). Das wäre dann in gewisser Hinsicht ein creatio ex nihilo, das man in der Logik des Schließens in Anlehnung an Peirce dann Abduktion nennen kann, ein gedanklicher Sprung, „der das zusammenbringt, von dem man nie dachte, dass es zusammengehört" (Reichertz 2006a: 190), und zum Begriff der Kreativität führt.

Der Begriff der Kreativität beinhaltet besonders das Kreieren, das Schöpfen und Entwerfen und weist damit auf ein Etwas, das hervorbringt. Gebildet wurde das Wort „Kreativität" nach dem lateinischen Wort *creare*. Es tauchte zunächst fast ausschließlich in der Theologie auf mit dem Bezug zu einem Schöpfergott, einem Creator. Doch die Menschen sind nach der Lehre des Alten Testaments ein Abbild Gottes. Und so wurde im christlichen Abendland dem Menschen zumindest eine Nachahmung jener göttlichen Fähigkeit zugetraut. Übertrug sich diese göttliche Tugend des Schöpferischen zunächst auf einen besonderen Menschentypus, auf das Genie – so war zumindest die Überzeugung der Romantiker und ihre Verehrung für das Genie zu erklären – oder eben besondere Menschen, galt später jeder Mensch mit einem Schöpfungspotential ausgestattet. Der Kultur- und Kommunikationsphilosoph Martin Buber nannte dies den Urhebertrieb im Menschen (vgl. Buber 1998: 17). Die Urheberkraft, die sich in der Kreativität ausdrückt, bringt das Geschöpfte, das Entworfene hervor. Das Geschöpf ist hier das durch den Künstler oder eines jeden Menschen Geschöpfte. Kreativität ist in dieser Perspektive an das Subjekt gebunden, wenngleich die Bewertung, ob etwas intersubjektiv als kreativ bezeichnet wird und sich durchsetzt, dann durch eine Gruppe oder Gesellschaft vorgenommen wird. Kreativität ist mit dem Prozess der „gesellschaftlichen Ästhetisierung" (Reckwitz 2012) verkettet, da sie Geschöpftes, Entworfenes, Neues oder Anderes hervorbringt und heutzutage besonders durch die neuen, digitalen Medien zur Rezeption anbietet. Die Gegenwartskultur beinhaltet gleichwohl eine anthropophagische Praxis. „Sie zeigt sich in Gestalt einer kannibalistischen Remix-Kultur, die [...] die ganze Welt umspannt. [...] Es gibt keinen echofreien Raum des Denkens" (Ramos-Velasquez 2013: 263). Die Gegenwart ist solcherart von einem Kreativitätsdispositiv gekennzeichnet. „[N]icht kreativ sein zu *wollen*, kreative Potentiale bewusst ungenutzt zu lassen, gar nicht erst schöpferisch Neues aus sich hervorbringen oder zulassen zu wollen, erscheint als ein absurder Wunsch, so wie es zu anderen Zeiten die Absicht gewesen sein mag, nicht moralisch, nicht normal oder nicht autonom zu sein" (Reckwitz 2012: 9; Herv. i. Original). Oder um es mit einem Werbespruch von Apple zu sagen, der zugleich implizit auf die Bedeutung der neuen, digitalen Medien eingeht und einen Kreativitätsimperativ enthält: „Was wird dein Vers sein?"[2] Und damit werden die Medientechnologien im Allgemeinen und die digitalen Medien im Besonderen nicht mehr nur zu einer Rahmenbedingung für Ästhetisierungsformationen und Kreativitätsaufforderungen im Alltag, sondern gleichsam ihr Zentrum.

Kreativität und das Neue

Kreativität als zu behandelndes Thema ist ein altes Phänomen. In neuerer Zeit kann man sicherlich den Zeitraum vom Ende der 1980er Jahre bis heute nennen, in denen die Kreativität als wichtige Triebfeder für wirtschaftliches Wachstum verstanden wird. Richard Florida (vgl. Florida 2002) gründet auf dem mittlerweile etablierten Begriff der creative class eine Wirtschaftstheorie, in der u.a. die Kreativität bzw. das kreative Potential der arbeitenden Menschen ein zentrales Element für Wirtschaftswachstum darstellt. Und Joas sieht in seiner pragmatischen Handlungstheorie in jedem Handeln einen kreativen Charakter, den es zu berücksichtigen gilt (vgl. Joas 1996) Die „Kreativitätssemantik" (Albrecht 2014) – besonders der letzten 20 Jahre – führt nach Reckwitz (vgl. 2012) zu einem Kreativitätsdispositiv mit einer besonderen Aufmerksamkeit für das Neue. Gleichzeitig fragt Gumbrecht bereits 1988 „Kreativität – Ein verbrauchter Begriff?" Luhmann sieht für die Moderne, „da theologische Konnotationen ferner liegen, [...] die Kreativität ihre semantische Karriere [beginnen]. Krea-

---

[2] Apple nutzt hier ein längeres Zitat aus dem Film „Der Club der toten Dichter" aus dem Jahr 1989 und verknüpft es in der Werbung mit unterschiedlichen Geschichten von Menschen, die mit einem Apple-Produkt Besonderes hervorbringen (vgl. http://www.apple.com/de/your-verse/).

tivität scheint nichts anderes zu sein als demokratisch deformierte Genialität. Die Dreiheit neu/bedeutend/überraschend bleibt erhalten, aber die Ansprüche werden abgesenkt. Wer immer Talent hat und sich Mühe gibt, kann es zu Kreativität bringen" (Luhmann 1988: 16). Schmidt verweist hier auf die Unbestimmtheit des Begriffes: „'Kreativität'' gehört zu den allseits notorisch verwendeten und definitorisch notorisch unterbestimmten Mode-Wörtern vieler Wissenschaften wie der Alltagskommunikation, insbesondere in bestimmten 'Szenen'" (Schmidt 1988: 35). Im weiteren Verlauf dient der Kreativitätsdiskurs vor allem als Hintergrundfolie für die Produktion – vor allem – digitaler Artefakte. Dabei geht es weniger um Originalität als vielmehr um die alltägliche Produktion und Distribution solcher Artefakte. Diese wiederum sind in einer Modularität angelegt und zielen nicht mehr auf ein gänzlich Neues, sondern in erster Linie auf eine variable Wiederholung bereits Bekanntem. Zudem bleiben sie prinzipiell unabgeschlossen und mit einem Aufforderungscharakter versehen, an diesen Artefakten und Entwürfen weiterzuspinnen. Sie integrieren solcherart das offene Kunstwerk (Eco) und den Tod des Autors (Barthes).

Besonders in der europaweiten Epoche der Romantik nahm der Begriff des Schöpferischen und Kreativen nun eine hervorgehobene Stellung ein.

Der Prozess des Schaffens ist in der Romantik insofern eigenartig, als dass die erschaffene Wirklichkeit keine Kopie oder originalgetreue Wiedergabe der herkömmlichen Wirklichkeit sein sollte und der kreative Prozess der Schöpfung nie vollendet sein kann, sondern sich fortlaufend weiterschreibt. Wichtige Motive sind hier die Sehnsucht und der Auszug und Aufbruch in die Ferne, die Suche nach dem eigenen Ich, aber auch das Aufeinanderprallen verschiedener Wertvorstellungen, welches sich aus der Wanderung ins Neue und Unbekannte ergibt. Das Reisemotiv „auf zu neuen Ufern" beinhaltet sowohl die Sehnsucht als auch die Kreativität als Haltung, Neues auf sich wirken zu lassen und dabei sich selbst neu zu schöpfen. Während es im Mit-

telalter die Queste war, ist es in der Romantik das Wander- bzw. Reisemotiv (vgl. Bidlo 2011b: 34f.). Bei Vilém Flusser (vgl. Flusser 2007) werden das Reisen und in seiner Zuspitzung – da eine Heimkehr nicht mitgedacht ist – die Immigration zu einem kreativen Impetus (vgl. Flusser 2007: 103), aus dem heraus sich dem Neuen zu stellen ist und Neues gleichwohl anhaften bleibt. Das Neue, das durch Erfahrungen während der Reise erworben wird, muss in die alten Vorstellungen integriert werden. Der Mensch sollte in der Romantik durch das Reisen in die Lage versetzt werden Neuschöpfungen hervorzubringen. Dabei ist das entworfene Artefakt oder Kunstwerk, aber auch die theatrale Darstellung auf der Bühne keine Widerspiegelung der göttlichen Wirklichkeit der Welt, sondern ein tentativer Prozess, der vom Fragmentarischen und von Brüchen gekennzeichnet ist. Der Künstler in der Romantik kommentiert sein Werk, schreibt es weiter, korrigiert es und amüsiert sich auch teilweise selbst darüber oder tritt hinter dieses zurück und betrachtet es erneut wie eine von ihm unabhängige Schöpfung.
Springt man von der Romantik in die digitale Gegenwart, sind die der Romantik inhärenten Motive immer noch vorfindbar, wenngleich sich das Substrat der kreativen Entäußerung verändert hat. Denn die Dinge lösen sich auf und wandern ins elektromagnetische Feld der Informationen, die von Apparaten bzw. Computern gespeichert und von dort abgerufen, kombiniert und versendet werden können. Der Mensch spielt mit diesen elektronischen Apparaten und synthetisiert aus Informationen neue Informationen. Informationen werden somit zu Spiel- und Springbällen, die hin und her tanzen, springen und ihre undingliche Form mit jedem neuen Impuls (den man als Dialog verstehen muss) eines anderen Menschen verändern. Daher wird der Mensch nicht mehr seine Hände in Gänze, sondern nur noch seine Finger benutzen, „um mit Symbolen zu spielen und um audiovisuelle Informationen aus Apparaten abzurufen. Der fingernde handlose Mensch der Zukunft wird nicht handeln, sondern tasten" (Flusser

2002: 188). Wir werden dergestalt zu Tastateuren, wie man eindrücklich an den Handhabungen heutiger Smartphones und weiterer Touchscreens erkennen kann. Wir blättern dort durch Texte, Bilder oder Internetseiten, indem wir tippen und wischen oder mit den Fingern andere Gesten vollziehen. Hier zeigt sich, dass die medienästhetische Wirkung sich auch auf die Haptik ausgewirkt hat, insofern wir eine Kultur der Tastendrücker, von Tastateuren geworden sind. Wir werden gewissermaßen alle potentielle Klavierspieler, nur dass sich die zu spielende Klaviatur insoweit geändert hat, als es mittlerweile die Computertastatur oder der Touchscreen sind, auf denen sich unsere Finger gleichsam einer neuen Kulturtechnik bewegen.
Derzeit liegt das Tasten noch zwischen dem Eindrücken von Tasten, wie z.B. einer herkömmlichen Computertastatur, die analog gedrückt wird, und dem Tasten der berührungsempfindlichen Touchscreens, die solcherart komplett elektronisch-digital, über eine durch die Hautberührung hervorgerufene Spannungsveränderung funktionieren. Der nächste Schritt wäre dann die komplette Auflösung körperlich-externer Gesten durch die rein gedankliche Steuerung (Gehirnscanner) eines Mediums (z.B. Computer).[3]
Das besprochene Reisemotiv bleibt in seiner Essenz auch in der digitalen Welt erhalten, gleichwohl koppelt sich das Gewohnte mit dem Ungewohnten, insofern die Notwendigkeit zur physischen Abfahrt (vgl. auch Virilio 1998) hinfällig wird. Bereits der Wohnwagen beinhaltet diesen Widerspruch: „'Wohnen' hat mit Gewohnheit und mit dem Gewöhnlichen zu tun, also mit einer Stimmung, bei der man seiner Umgebung vertraut, und daher nicht auf sie achtet. Und 'Wagen' hat

[3] Dies wiederum ist heute bereits in der (experimentellen) Praxis angekommen. So nutzt z.B. der bekannte – an einer Nervenkrankheit leidende – Astrophysiker Stephen Hawkings probeweise ein solches Gerät. Das sog. „iBrain" wird als Stirnband getragen und nimmt Biosignale auf, die dann anschließend in Buchstaben oder Worte umgewandelt werden. Vgl. z.B. den Beitrag aus dem Jahr 2012 unter http://www.stern.de/wissen/technik/gehirnscanner-forscher-koennen-stephen-hawkings-gedanken-lesen-1849286.html [19.11.16]

mit Wagnis zu tun (wenn auch vielleicht nicht etymologisch), mit Fahren und mit Erfahrung, also mit einer Stimmung, bei der man seine Umgebung beobachtet, weil sie nicht vertraut ist" (Flusser 2007: 45). Aus dem Wohnwagen ist in der digitalen Welt zunächst das mit (sichtbaren und unsichtbaren) reversiblen Kabeln ausgestattete Haus geworden, von dem aus digitale Erkundungsreisen ohne Notwendigkeit einer Abfahrt möglich wurden. Heute wiederum koppeln und durchdringen sich digitales und physisches Reisen durch das Potential mobiler, mitführbarer Geräte und der Produktion, Rezeption und Distribution entsprechender Artefakte.
Das Kreativitätsdispositiv bleibt solcherart durch die digitalen Medien nicht nur erhalten, sondern beschleunigt sich und ist geknüpft an die Forderung zum Spiel und die Förderung des Spiels. Der mediale Mensch von heute „ist kreativ vernetzt" (Wunden 2003: 49). Hierdurch ist die Welt des Alltags und der digitalen Medien in hohem Maße angestoßen von ästhetisch Neuem.

> „Im Rahmen des Kreativitätsdispositiv wird das Neue nicht als Fortschritt oder als quantitative Steigerung verstanden, sondern als ästhetischer, das heißt als perzeptiv-affektiv wahrgenommener und positiv empfundener Reiz, besser gesagt als eine fortwährende Sequenz von Reizen, die jenseits von zweckrationaler Verwendung als Reize affizieren" (Reckwitz 2012: 40; Herv. i. Original).

Dabei zielt das Neue dann nicht mehr notwendig auf eine Verbesserung des Alten, vielmehr intendiert es ein sinnliches Erleben und situatives sich Ereignen. Die sich hier aufspannende Wiederholung zeigt eine andere Orientierung am Neuen, die an einer Sichtweise auf Zeit (vgl. auch Bidlo 2002 und 2009, Rosa 2005) gekoppelt ist, die „Vergangenheit, Gegenwart und Zukunft voneinander unterscheidet und das Neue gegenüber dem Alten vorzieht. Wenn 'alt' der Gegenbegriff zu 'neu' ist, dann ist das Gegenmodell zur neu/alt-Unterscheidung ein Denken in Reproduktionen, Wiederholungen und Zyklen" (Reckwitz 2012: 43). Der Wert und die Tragfähigkeit des Neuen für den Alltag bemisst sich hernach weniger an seiner Stelle auf der Fortschrittslinie, „sondern über seinen momenthaften ästhetischen Reiz in der Gegenwart, der immer wieder von einer nächsten sinnlich-affektiven Qualität abgelöst wird" (Reckwitz 2012: 45). Das Neue wird dergestalt über die Differenz im Rahmen der Wiederholung bestimmt (vgl. auch Deleuze 2007).

Maffesoli (z.B. Maffesoli 1986) sieht in diesem Zusammenhang den Alltag in seiner postmodernen Soziologie situationistisch aufgeladen. Der Alltag wird durch die Herstellung von Situationen, die das Leben kunstvoll aufladen und ausgestalten sollen, zum zentralen Ort der Aisthesis, die für Maffesoli in der dionysischen Vergemeinschaftung ihren Ausdruck findet. Wenngleich die dionysische Vergemeinschaftung – durch orgiastische und rauschhafte Erlebnisse gekennzeichnet, wie man sie auf Rockkonzerten, in Fußballstadien, aber auch dem Flash-Mob oder anderen Massenveranstaltungen und in früheren Zeiten auch bei Theateraufführungen exemplarisch beobachten kann – nicht im Fokus der weiteren Darstellung stehen soll, zeigt sich ein Kreuzungspunkt mit der hier verfolgten Darstellung in der situativen und performativen Verflechtung der (postmodernen) Alltagswelt und Ästhetik. Die postmoderne Ordnung „zeichnet sich durch Prozesse der dionysischen Vermischung und Verschmelzung auf allen Ebenen sozialer Phänomene aus" (Keller 2006: 33). Gerade durch die digitalen sozialen Netzwerke hat z.B. der Flash-Mob eine neue Qualität erhalten. Kennzeichnend für einen Flash-Mob ist das kurzfristige Verabreden an öffentlichen Orten und das Tun einer gemeinsamen Sache bzw. Handlung. Das kann das Betätigen der Fahrradklingel sein oder das gleichzeitige Abheben von Geld von einer Bank. Gemeinsam ist ihnen das Generieren von Situationen und Performances, die verstören sollen und z.B. durch das Aufbrechen herkömmlicher Handlungsmuster zur Reflexion über dieselben zwingen.

Eine Durchdringung von Aisthesis, Kunst und Alltagswelt findet sich besonders in den unterschiedlichen künstlerischen Strömungen, die seit den 1950er Jahren in unterschiedlichen Ausprägungen das Leben selbst zu einem Kunstwerk machen wollten – die Auflösung der Grenze zwischen Kunst und Alltag – und künstlerisches Handeln im Alltag verankern bzw. alltägliches Handeln als bereits mit ästhetischem Potential versehenes Handeln ausweisen wollten (vgl. Gallissaires/Mittelstädt/Ohrt 2008). Die linksradikale situationistische Internationale, die sich ab Mitte der 1950er Jahre tentativ inhaltlich und theoretisch ausbildete, wurde angetrieben durch eine „fragmentarische(n) Suche nach einer neuen Lebensweise" (Debord 1955: 17).
Der Ausgangspunkt war der Blick auf die gegenwärtige Kultur, die verstanden wurde als die Organisationsmöglichkeiten des Lebens und „eine aus der Ästhetik, den Gefühlen und Lebensweisen zusammengesetzte Gesamtheit, die Reaktion einer Epoche auf das alltägliche Leben" (Debord 1957: 29). Eine Quelle des situationistischen Denkens war der Dadaismus, welcher ein Versuch war, die bürgerlichen Werte, die sich auch in der Kunst und Literatur zeigten, aufzulösen und ihre Fehlerhaftigkeit aufzuzeigen. Daneben spielte die lettristische Bewegung, aus der auch einer der zentralen Figuren der Theoriebildung der situationistischen Internationalen – Guy Debord – entsprang, eine wichtige Rolle. Debord definierte das Ziel der aufkommenden Situationisten: „Das Ziel einer revolutionären Aktion auf dem Gebiet der Kultur kann nicht sein, das Leben wiederzugeben oder zu erklären, sondern es zu erweitern. [...] Es muss jetzt eine organisierte kollektive Arbeit begonnen werden, die eine einheitliche Anwendung aller Mittel zur Umwälzung des alltäglichen Lebens anstrebt. [...] Wir müssen neue Stimmungen konstruieren, die zugleich Produkt und Werkzeug neuer Verhaltensweisen sind" (Debord 1957: 37-38).
Dabei wirkten sie vor allem verknüpfend im Rahmen der Kunst, Architektur, Stadtplanung und der Alltagswelt. Vor allem die ästhetische Ausgestaltung des Alltags bzw. von Alltagssituationen, genauer die

Auflösung zwischen Kunst und Alltag durch die Gestaltung performativer Situationen, galt ihnen als Methode und Ziel. Diese Auflösung zwischen Kunst und Alltag verstand sich als Kritik an den herkömmlichen Verhältnissen, die man aufzuheben suchte, um neue Anordnungen, neue Formatierungen für das Leben, für Gegenstände, Formen, Verhaltensweisen und Lebensgewohnheiten zu finden. „Unser Hauptgedanke ist der einer Konstruktion von Situationen – d. h. der konkreten Konstruktion kurzfristiger Lebensumgebungen und ihrer Umgestaltung in eine höhere Qualität der Leidenschaft. Wir müssen eine geordnete Intervention in die komplizierten Faktoren zweier großer, sich ständig gegenseitig beeinflussender Komponenten durchführen: die materielle Ausstattung des Lebens und Verhaltensweisen, die diese Ausstattung hervorbringt und durch die sie erschüttert wird" (Debord 1957: 39). Die Situation sollte durch ein situationistisches Spiel zu neuen Verhaltensweisen führen. Eine solche neue Verhaltensweise sahen die Vertreter der situationistischen Internationale in der Praxis des Umherschweifens, ein Ortswechsel, der zugleich eine Stimmungsvariation zulässt aufgrund der fortlaufend neuen Eindrücke. „Wir müßen versuchen, Situationen zu konstruieren, d.h. kollektive psychogeographische Stimmungen, eine Gesamtheit von Eindrücken, die die Qualität eines Moments bestimmen" (Debord 1957: 41). Debord beschrieb die Gesellschaft der modernen Produktionsbedingungen als ein Spektakel (vgl. Debord 1996), in der die Menschen von der Oberflächlichkeit des Konsums zu reinen Funktionsträgern reduziert werden und die Medien und ihre Produktion von Bildern dem Menschen die Welt enteignen und durch Schein – Bilder und Waren – ersetzen. „Das Spektakel kann nicht als Übertreibung einer Welt des Schauens, als Produkt der Technik der Massenverbreitung von Bildern begriffen werden. Es ist vielmehr eine tatsächlich gewordene, ins Materielle übertragene Weltanschauung. Es ist eine Anschauung der Welt, die sich vergegenständlicht hat" (Debord 1996: 14). Die Haltung der Menschen in einer Gesellschaft des Spektakels ist daher die der Passivität und der passiven Rezeption. Vor diesem Hintergrund zielt die Sichtweise der Situationisten auf die Wiederaneignung, das Erleben und Gestalten von Welt und der Hinführung zum Zusammenbruch des Spektakels. Die Menschen sollen aus ihrem Status des Publikums selbst zu Konstrukteuren von Situationen werden. Diese Situationen sind ästhetische Situationen, da sie die Welt in einer unmittelbaren Form erfahrbar machen sollen.

„Die Konstruktion von Situationen beginnt jenseits des modernen Zusammenbruchs des Begriffs des Spektakels. Es ist leicht zu sehen, wie sehr gerade das Prinzip des Spektakels – die Nichteinmischung – mit der Entfremdung der alten Welt verknüpft ist. [...] So ist die Situation dazu bestimmt, von ihren Konstrukteuren erlebt zu werden. In ihr soll die Rolle des – wenn nicht passiven, so doch zumindest als bloßer Statist anwesenden – 'Publikums' ständig kleiner werden, während der Anteil derer zunehmen wird, die zwar nicht Schauspieler, sondern in einem neuen Sinn des Wortes 'Lebe-Männer' genannt werden können" (Debord 1957: 41).

Die sich mit den Situationisten zeitlich und inhaltlich an einigen Stellen überlappende Fluxus-Bewegung zielte in ähnlicher Weise auf eine Dekonstruktion der bürgerlichen und der elitären Kunst, indem an deren Stelle die Aktionskunst trat.

Die Fluxus-Bewegung wollte dergestalt einen fließenden Übergang zwischen der (künstlerischen) Ästhetik und der Alltagswelt durchsetzen, die sich an den Situationismus anlehnte. Besonders prägnant waren ihre collagenartigen Werke und ihre Aktionskunst, die Kombination von klang-, bild- und akustischen Elementen, die durch Improvisation und unmittelbarer Performance ihren situativen und spielerischen Charakter erhielten. Sie stellten damit – in theatraler Hinsicht – eine Form des experimentellen Theaters dar, das bereits aufgrund seiner situationsbezogenen Anlage das Neue sowie Überraschende mitdachte.

> „Formen des Happenings, Fluxus, body-Art [sic], der Aktions- und der Performance-Kunst stellen die Entdifferenzierung von Kunst und Leben, die Inszenierung des Körpers und der Sinnlichkeit, den Ausdruck von Emotionen sowie physische und psychische Dynamik der Aktionsgruppe in den Mittelpunkt. Sie brechen mit vertrauten Theatertraditionen und schaffen neue Arrangements kultisch-ritueller Theatralik" (Wulf/Zirfas 2005: 9-10).

Kreativität hat hier die Doppelbindung an das Neue und Andere, das gegenüber dem Alten und Gleichen bevorzugt wird, und das Schöpferische des (Alltags-) Menschen als Künstlers, das etwas Neues hervorbringen kann. „Es geht dabei um mehr als um eine rein technische und affektive Erregung durch das produzierte Neue. [Es] wird mit Lebendigkeit und Experimentierfreude in Verbindung gebracht, und sein Hervorbringen erscheint als ein schöpferisches Selbst" (Reckwitz 2012: 10). Überdies spielen solche Arrangements mit alten Kulturmustern, wie z.B. das des Rituals, welches zwar ein Maß an Enthobenheit aus dem Alltag ausweist, aber durch seine Verstetigung zugleich ein fester Bestanteil des Lebens.

Hier sei nochmals an John Dewey erinnert, der bereits 1931 in einer Vorlesungsreihe, die als Grundlage dienten für den Band „Kunst als Erfahrung" (Dewey 1980), darauf verwies, dass es eine irrige Annahme sei, Kunst und Alltag trennen zu wollen. „Denn die verbreitete Auffassung leitet sich her von einer Trennung zwischen der Kunst und den Dingen beziehungsweise den Situationen der alltäglichen Erfahrung, und viele Theoretiker und Kritiker rühmen sich, diese Trennung aufrechtzuerhalten oder gar zu vertiefen" (S. 12).

Gleichwohl limitiert sich das Kreativitätsdispositiv durch ein sich in der Moderne etabliertes Moduldenken, das zwar nicht erst durch Computer und ihre Software entstand, aber sich durch ihre Ausbreitung im Alltag und ihre fortwährende Nutzung in Form einer Tiefenästhetisierung verfestigt hat. So erscheint uns oberflächenästhetisch durch den

Kreativitätsimperativ das Neue im Alltag fortwährend zu begegnen. Wendet man sich tiefenästhetisch solchen neu-ästhetischen Artefakten zu, verlieren sie einen guten Teil ihrer kreativen wie innovativen Strahlkraft und rekurrieren in ihrer Form im Wesentlichen auf das, was zuvor als eine auf Wiederholung von Ähnlichem zielende Kreation von Neuem beschrieben wurde. Die Wiederholung ist dabei nicht nur eine rein intendierte Wiederholung einer Handlungspraxis eines Akteurs, wie es sich z.B. bei dem Internetmem *Ice Bucket Challenge* darstellt, sondern bereits im modularen Aufbau und der eigenen Modulproduktion von digitalen Medien angelegt. Erst die digitale „Organisation von Informationsprozessen auf fast allen Ebenen der Gesellschaft [...,] die digitale Transformation der traditionellen Massenmedien und der individuellen Informationsmedien" (Hickethier 2013: 13-14) lässt nicht nur die Medien konvergieren, sondern ermöglicht in einfacher Art und Weise die Implementierung und den Austausch von Formen und Inhalten der verschiedenen Medien untereinander. Solche medialen Adaptionsprozesse unterstreichen die oben angesprochene Dialektik von Wiederholung und Differenz und ermöglichen über ihren produktiven und distributiven Charakter gleichzeitig ein Unterminieren kultureller Hierarchisierung und unterstützen ein Verlustig-gehen von Deutungshoheiten und Distinktion hinsichtlich Kunst und Kultur. „Langfristig führen diese medialen Transformationen zu einer Nivellierung der Differenz zwischen der niederen und der hohen Kultur, zu einer Verwischung der Grenzen zwischen dem Populären und dem Elitären" (Hickthier 2013: 19).

Module als Spiel- und Bausteine

Im nachfolgenden Kapitel soll die Modularisierung im Zusammenhang mit der durch die alltäglich verfügbare digitale Medientechnik produzierten Artefakte sowie ihre Bedeutung für den Alltag behandelt und ausgewiesen werden. Module sind schlüssige Bedeutungscontainer, sind aber dennoch Teil einer übergeordneten Struktur. Ein

Modul ist nicht das Ganze, es ist ein Teil von etwas Anderem. Visuelle bzw. kulturelle Stereotype (vgl. z.B. Petersen/Schwender 2009), Kollektivsymbole (vgl. z.B. Link 1978), Topikforschung (z.B. Fischer 1976), das Klischee (vgl. Holzberger 1995), sog. Internet-Meme (vgl. Shifman 2013) oder die hier als Eigenschaft der digitalen Zeit und digitaler Medienartefakte deklarierte Modularisierung bezeichnen nicht alle das gleiche Phänomen, gleichwohl finden sich Ähnlichkeiten und Überschneidungen. Nichtsdestoweniger soll im weiteren Verlauf gezeigt werden, dass die Modularisierung ein ausgezeichneter Teil einer digitalen Medienästhetik ist, der sich mit den o.g. Konzepten und Begriffen nicht fassen lässt.

Unter Topik wird das auf Aristoteles und der klassischen Rhetorik zurückgehende Konzept von standardisierten Argumentations- oder Darstellungsmustern und eine „verpflichtende[.] Basis alles gestalteten Sprechens" (Fischer 1976: 157) verstanden. Ein Topos lässt sich dann als ein wiederkehrendes und vorgeprägtes Bild oder Redewendung, ein Gemeinplatz verstehen. „Im antiken Lehrgebäude der Rhetorik ist die Topik das Vorratsmagazin. Man fand dort Gedanken allgemeinster Art: solche, die bei allen Reden und Schriften überhaupt verwendet werden konnten" (Curtius 1984: 89). Curtius sieht neben dem normativen Charakter der klassischen Topik, die in ihr enthaltenen Topoi in einer Archetypus- bzw. Struktur-Funktion, welche eine Grundlage der Vorstellung und des Denkens bilden.

Klischee und Stereotype sind ähnlich und werden manches Mal synonym – aber mithin nicht immer einheitlich – gebraucht. Man kann mit Lippmann (vgl. Lippmann 1922), der den Begriff „Stereotyp" als Erstes einführte, diesen insofern vom Klischee abgrenzen, als das Klischee rein negativ konnotiert ist und durch seinen häufigen Gebrauch abgenutzte Verhaltensmuster und Eigenschaft bezeichnet, während das Stereotyp bei Lippmann zunächst eine wertungsfreie Bezeichnung für eine notwendige Reduktion und Vereinfachung in einer komplexen und mit vielen Sinnenreizen versehenen Welt war. Interessanterweise stammen beide Begriffe – Klischee und Stereotyp – aus der Druckersprache (vgl. Petersen/Schwender 2009b: 9): Beim Stereotyp wurde der „aus beweglichen Lettern zusammengesetzte Bleisatz auf eine starre, unveränderbare Druckplatte übertragen […], von der dann nahezu beliebig viele identische Drucke hergestellt werden konnten." In der Druckersprache bezeichnet das Klischee „eine Hochdruck-Vorlage, also einen Druckstock, von dem viele Kopien gezogen werden" (Petersen/Schwender 2009b: 8 und 9) konnte. Aber auch Stereotype dienen der Komplexitätsreduktion, der schnellen, augenblicklichen Einschätzung von Situationen und den in ihnen enthaltenen Wahrnehmungsartefakten. Ihre Neutralität verlieren sie z.B. im Kontext politischer Propaganda (vgl. Grube 2009) oder immer dort, wo vor dem normativen und moralischen Kanon einer Gesellschaft Komplexitätsreduktionen zu herablassenden Vereinfachungen führen. Die Funktion von Stereotype, Komplexität zu reduzieren, findet eine eher neutrale oder zumindest nicht moralisch negative Anwendung in den Massenmedien, z.B. in der TV-Werbung. „Werbung ist kurz und muss sich darum auf wenige ästhetische Konstrukte beschränken. Sie hat zudem keine Zeit, komplexe Argumentationsstränge aufzubauen" (Schwender 2009: 81). Aufgrund der Vielzahl der Rezipienten ist Werbung daher einerseits angehalten, relativ eindeutige und weitgehend akzeptierte Stereotype zu verwenden, gleichzeitig werden sie damit ein wichtiger Teil der Stabilisierung vorhandener Stereotype.

Im Gegensatz dazu sind Kollektivsymbole nicht negativ konnotiert, wenngleich sie Negatives versinnbildlichen oder in negative Kontexte gestellt werden können und ihre Herkunft selbst nicht „verleugnen". Sie sind komplexe und soziohistorisch etablierte Symbole und Sinnbilder, die zu einem kommunikativen Allgemeinbesitz gehören und entsprechend in unterschiedlichen Verwendungskontexten geäußert und verstanden werden. Link definiert Kollektivsymbole als „die Gesamtheit der sogenannten 'Bildlichkeit' einer Kultur, die Gesamtheit ihrer am weitesten verbreiteten Allegorien und Embleme, Metaphern, Exempelfälle, anschauliche Modelle und orientierenden Topiken, Vergleiche und Analogien" (Link 1997: 25).

Beispiele hierfür sind der Ausspruch „Wir müssen den Gürtel enger schnallen", das Bild der Bücherwand, vor der Experten und Wissende interviewt werden oder Sherlock Holmes als Kollektivsymbol (vgl. auch Reichertz 2006b) für scharfsinniges Kombinieren und Deduzieren. Der Fundus bzw. das Repertoire an Kollektivsymbolen einer Gesellschaft bildet zugleich die Grundlage dafür, wie die Menschen Welt und Wirklichkeit deuten. Ihre Visualisierungsmöglichkeit – zumal in der Moderne – spielt eine zentrale Rolle ebenso wie ihre Eigenschaft semantisch sekundär zu sein.

„D.h. sie haben eine indirekte Bedeutungsfunktion. Das Bezeichnete, z.B. Eisenbahn, wird zu einem Signifikanten eines anderen Signifikanten. Eisenbahn steht für 'Fortschritt'. 'Der Zug in eine bessere Zukunft darf nicht verpasst werden'" (Jäger/Jäger 2007: 43).

Im Gegensatz dazu haben Internet-Meme in der Regel nur eine kurze Halbwertzeit. Der Begriff schließt sich inhaltlich an den von Richard Dawkins 1976 vorgestellten Begriff meme an (vgl. Dawkins 1978/-1976), der einen Bewusstseinsinhalt durch Kommunikation weitergibt, dadurch auf andere Gehirne kopiert und damit – ähnlich wie Gene für körperliche Attribute – erworbene Fertigkeiten an die Nachkommen weitergeben kann. Meme konkurrieren ganz ähnlich wie Gene um Berücksichtigung, um Überleben. Bei den Meme ist es die „begrenzte Kapazität der Aufmerksamkeit" (Rötzer 1996: o.S.), die sie zur Replikation benötigen. Der biologischen Evolution durch Gene steht dergestalt eine soziokulturelle Evolution durch Meme gegenüber, denn bei der Verbreitung solcher Meme finden immer auch Transformationsprozesse (z.B. im Sinne des Stille-Post-Spiels) statt, verändert sich ein Mem, was letztlich zu Weiterentwicklung führt. Aus dem Kopieren entwickelt sich ein Mix und Remix des Ausgangsmems, das durch die Haltung des Computersubjekts (vgl. Reckwitz 2010: 578) des Ausprobierens befördert wird. Hieran schließt sich das Phänomen der Internet-Meme an, das in der Regel Texte, Fotos oder auch Videos als Inhalt hat. In den 1990er Jahren übernahmen Internetpioniere das Vokabular von Dawkins. „Dabei wurde die Menge der Phänomene, die das Wort 'Mem' bezeichnet, langsam eingeengt: von allen kulturellen Informationen, die sich durch Nachahmung verbreiten [...], auf jene, bei denen es mit auffälliger bis verwunderlicher Stärke geschieht" (erlehmann/plomlompom 2013: 11). Aufgrund der beschleunigten Verbreitungsmöglichkeit des Mediums Internet wurde den Internet-Meme das Attribut viral vorangestellt, eine digitale Mund-zu-Mund-Propaganda, die sich über die Gehirne und Computertastaturen entsprechend weiterverbreitet[4] und zugleich eine variable Halbwertszeit von flüchtig bis langlebig beinhaltet. Im Vergleich zu diesen o.g. genannten Konzepten steht die Modularisierung, auch wenn es zu allen mehr oder weniger Berührungspunkte gibt, nun besonders der Topik noch am nächsten. Denn hier gibt es ebenfalls eine Begrenzung durch eine Art Repertoire. Mit den Kollektivsymbolen verbindet die Modularisierung ihre Bedeutung für die Weltdeutung und -erfassung, mit dem Internet-Mem seinen – nicht ausschließlichen – Verbreitungsweg über digitale Netzwerke.

Die Gegenwart ist in diesem Zusammenhang auch davon gekennzeichnet, dass wir zunehmend in Modulen denken, selbst Module bzw. Container produzieren und verbreiten. Die selbst Hervorgetretenen und Herausgeworfenen – die Menschen in ihrer Existenz – werden zu Entwerfern und Spielern, mit den digitalen Möglichkeiten, die ihnen von den Apparaten zur Verfügung gestellt werden. Die Menschen synthetisieren und verwirklichen daher aus einer sehr großen, aber endlichen Anzahl von digitalen Möglichkeiten, und die Versatzstücke bzw. Module, auf die sie dabei zurückgreifen, sind diesbezüglich hard- und softwareseitig vorstrukturiert. Content-Management-

[4] Für die Geschichte der Internet-Meme und eine Reihe von Beispielen (vgl. erlehmann/plomlompom 2013).

Systeme, die Inhalte erstellen und organisieren können, Baukastensysteme oder Modularisierung der Welt sind entsprechende Schlagwörter, die ihren Ursprung in der industriell-maschinellen Fertigung und damit in der Ökonomie haben. Eine Definition aus einem beliebigen Wirtschaftslexikon verdeutlicht die ökonomischen Vorteile:

> „Das Baukastensystem wird durch die Normung der Produktteile und die Typung der Endprodukte ermöglicht. Beim Baukastensystem handelt es sich um die Herstellung und Verwendung von Bauteilen und/ oder Baugruppen für verschiedene Typen des Produktionsprogrammes. Die einzelnen Typen lassen sich dabei baukastenartig aus einigen Bausteinen zusammensetzen. Das Baukastensystem erlaubt es, mit einer bestimmten Anzahl von Bausteinen eine größere Vielfalt von Typen zu produzieren, wobei einmal dem Verlangen der Produktion nach Beschränkung des Produktionsprogrammes und damit zur Nutzung der Auflagendegression entgegengekommen wird und zum anderen dem Verlangen des Absatzes nach einer Typenvielfalt und damit zur Steigerung der Attraktivität des Absatzsortiments beigetragen wird. [Es] ist ein Verfahren, mit dem eine möglichst große Vielfalt von Produkttypen (insbesondere technische Produkte) mit einer möglichst kleinen Anzahl von Unter-Baugruppen gefertigt werden kann. Die Grundzwecke des Produkts werden dann von normierten Baugruppen abgedeckt; die Spezialzwecke nach Kundenwunsch von Sonder-Baugruppen“[5].

[5] In Brechung der „goldenen“ Zitationsregel der Einheitlichkeit werden im weiteren Verlauf lange Internetnachweise nicht wie bisher im Text zitiert, sondern aufgrund der Länge und des Layouts zuliebe über einen Fußnotenhinweis nachgewiesen. http://www.wirtschaftslexikon24.com/d/baukastensystem/baukastensystem.htm Stichtwort Baukastensystem. [Zugriff 19.12.16].

Analoge Beispiele sind Regalsysteme, z.B. IKEA's Billy-Reihe, der modulare Querbaukasten der Volkswagen AG[6], Fertighäuser oder das gleichnamige Baukastensystem des Spielwarenherstellers LEGO. In struktureller Hinsicht ist sicherlich auch die fortschreitende gleichnamige Modularisierung des Studiums zu nennen, das aus einer gewissen Anzahl von Modulen besteht, aus denen sich dann das gesamte Studium zusammenfügt. Eine Beschreibung der Universität Hildesheim fasst dies prägnant zusammen:

> „Modularisierung eines Studiums bedeutet, dass Studieninhalte und Veranstaltungen zu größeren, in sich abgeschlossenen und abprüfbaren inhaltlichen Einheiten zusammengefasst werden. Ein Modul kann aus mehreren Veranstaltungen unterschiedlichen Typs bestehen, deren Gemeinsamkeit darin bestehen soll, dass sie gemeinsame Kompetenzen vermitteln. Ein Studium in einem modularisierten Aufbau besteht aus mehreren Modulen [...]. Jedes Modul wird mit einer Modulabschlussprüfung abgeschlossen und mit einer bestimmten Anzahl an Kreditpunkten und gegebenenfalls Noten versehen. Der Vorteil der Modularisierung besteht darin, dass beim Design der Module und beim Aufbau des Studiums auf die zu erwerbenden Kompetenzen und damit auf die 'Learning Outcomes' der Studierenden fokussiert wird."[7]

Offensichtliche Beispiele aus dem digitalen Bereich sind Softwareangebote, die im Feld der Webseitenerstellung einfache Auswahlangebote offerieren, die nur mit den eigenen Inhalten „gefüllt" werden müssen.

---

[6] Der darüber hinaus als „Beginn einer neuen Ära" und als Innovation ausgewiesen wurde. Vgl. www.volkswagen.de/de/Volkswagen/InnovationTechnik/mqb.html [Zugriff 30.10.13 – nicht mehr verfügbar 19.11.16].

[7] www.uni-hildesheim.de/wiki/qm/glossar/modularisierung [Zugriff 20.11.16].

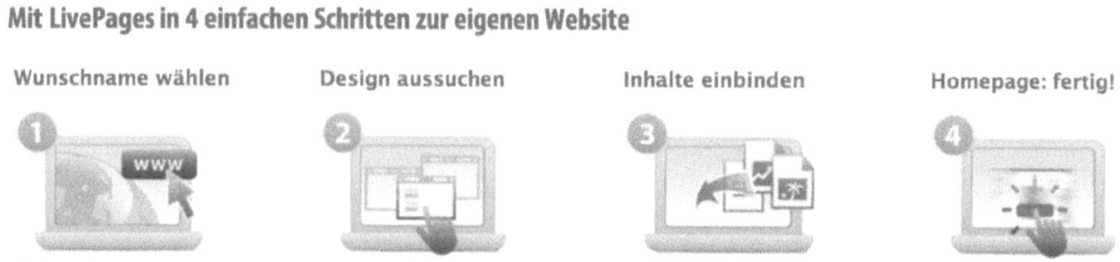

Abbildung 1: Schritte zur Erstellung einer Website auf der Grundlage eines Baukastensystems.

Module lassen sich als abgeschlossene Container verstehen, die entsprechende Schnittstellen bieten, um schnell mit anderen Modulen kombiniert zu werden (Lego-Prinzip). Die Nutzung von Containern selbst – zuvorderst im Warenaustausch und in wirtschaftlichen Belangen – ist alt, hat aber zunächst durch die Globalisierung und durch den Computer sowie die Verbreitung von digitalen Netzwerken eine neue Qualität und Dynamik erreicht. Klose (vgl. Klose 2009) geht in diesem Zusammenhang vom kapitalistischen Warenaustausch und Güterverkehr aus und bleibt bei seiner Darstellung stärker bei den physischen Containern,[8] um den Siegeszug der – wie er es nennt – „Containerisierung" zu erklären. Eine m. E. zentrale Unterscheidung von Modulen und Containern – zumindest in digitaler Hinsicht –, ist die Verlustmöglichkeit des Wissens darüber, dass Module etwas sind, das etwas beinhaltet. Module verschleiern dies, indem sie sich als geschlossene Figurationen anbieten. Container verweisen auf ihren Inhalt, ihre Oberflächenästhetik verweist auf den nicht sichtbaren Inhalt. Module sind in dieser Hinsicht Behälter, sie behalten Dinge (zum Beispiel ihre Einschränkungen) zurück, so dass sie den Blick auf ihre oberflächenästhetische Funktion lenken und die Modulinhalte anästhetisch werden. So wirken Module diaphan, sind es aber gerade nicht. Tatsächlich soll ihr Inhalt[9] in der Regel verborgen bleiben,

[8] Man findet dort zugleich eine sehr anschauliche Darstellung der Geschichte des Containers.

[9] Z.B. der Quellcode von Programmen, Apps, aber auch die Algorithmen, welche Helligkeiten, Kontraste oder die Farbdarstellung bei Bildern berechnen. Ausnah-

gleichsam einer Blackbox und ausschließlich oberflächenästhetisch wahrnehmbar sein. So ist Klose in Bezug zu Containern zuzustimmen und gilt Nachfolgendes auch für Module:

> „Container spielen in der Organisation von Menschen, Programmen und Informationen eine ebenso entscheidende Rolle wie in der von Waren. Container tauchen nicht nur, physisch, an allen möglichen Orten und Un-Orten in Stadt und Land auf, sondern auch in so unterschiedlichen kulturellen Bereichen wir Architektur und Urbanistik, Psychologie, Philosophie, Pädagogik, Betriebswirtschaft, Informatik, Film, Fernsehen, Theater und Kunst" (Klose 2009: 11).

Modularität spielt dabei nicht auf ein (veraltetes) Containermodell von Kommunikation an, in dem zwischen Sender und Empfänger ein mit Bedeutung gefüllter Container hin und her transportiert wird. Auch allein eine „the medium is the message"-Perspektive umfasst das Prinzip der Modularität nicht gänzlich. Vielmehr ist damit ein Prozess der Formatierung und Organisation von Informationen angesprochen, das man als Matroschka-Prinzip bezeichnen kann und das schlussendlich zu immer weiteren Abstraktionen, d.h. Vereinfachungen, führt. Der Urpunkt der Abstraktionen ist die materialistische wie auch idealistische Blackbox, ein nicht mehr Einsehbares, das zusammengefasst und organisiert als Modul hervortritt. Für Flusser (vgl. z.B. Flusser 1983) ist es das Apparathafte, das Nichteinsehbare, das letztlich den Menschen zum Spiel herausfordert. Während der Apparat möglicherweise in seiner Physis selbst als Black Box erkannt werden kann, wirkt die Modularität in der digitalen Welt gleichsam natürlich. „Es stellt sich also die Frage, ob nicht auch in den Prozessen des Programmierens ontologische Metaphern konstitutiv einflie-

---

men sind hier die bereits über die Open Source Bewegung angesprochene Quellcode-offene Software.

ßen, wie Behältervorstellungen und deren historischen Konkretisierungen etwa in bestimmten modernen Verkehrstypen wie Omnibussen oder Standardcontainern. Hätte [...] ein Programm, das dem 'Transport' bestimmter 'Dateiinhalte' wie Filmen oder Musikstücken dient, im ausgehenden 20. Jahrhundert anders konzipiert werden können"? (Klose 2009: 64). Hinsichtlich der hier besprochenen Medienästhetik ist von Bedeutung, dass die Entwürfe, d.h. die digitalen Artefakte selbst 'materiell' wie semantisch auf Module zurückgreifen.

Gerade in der heutigen medialen Praxis greift man vermehrt auf vorgeformte Versatzstücke zurück, unabhängig davon, ob in der Bildproduktion, Internetseiten, Textversatzstücken, im Studium, Apples Garagenband oder den sonstigen Loops, aus denen Songs erstellt werden können. Die Kunst besteht dann darin, die richtigen Module miteinander zu kombinieren und so zu einem (neuen) Entwurf zusammenzufügen. Filme, Musik, Studium, unser Denken und Handeln werden daran anschließend immer weiter modularisiert. Der natürliche Gegenspieler dazu wäre die Kreativität, zumindest bis das moderne Kreativitätsdispositiv Mittel und Medien bot, aus bereits großen, vorgegebenen Modulen, vermeintlich Neues zu entwerfen. Ein Kennzeichen der digitalen Medienästhetik ist u.a., dass die digitalen Erzeugnisse modular aufgebaut sind, dass sie extensiv Modularität aufseiten der Prodisumenten fördert und fordert.

Gleichwohl lassen sich auch diese Module kreativ miteinander kombinieren. Aber je größer die Teile sind – je höher dergestalt ihr Vereinfachungsgrad ist –, aus denen Neues geschaffen werden soll desto geringer wird die Originalität des entworfenen und (re-)kombinierten Artefaktes. Aber zugleich steigt der Wiedererkennungswert, die ewige Wiederkehr des Ähnlichen. Die Versatzstücke lassen sich, wie erwähnt, als Symbolcontainer (Symbol = das Zusammengeworfene, Zusammengefügte) fassen, die immer wieder zu neuen, größeren Modulen zusammengefasst werden können. Hieraus ergibt sich eine in-

teressante Dialektik: Zum einen reduzieren diese Versatzstücke die Wahlmöglichkeiten. Zum anderen ermöglichen sie erst die Produktion neuer digitaler Artefakte (aber die Produktion ist nicht nur auf digitale Artefakte reduziert). Wie hätte man früher ohne das Internet und die dargebotenen Content Management Software Radio- oder Fernsehsendungen, Podcasts, Zeitschriften, Bücher, Videoclips, Musikstücke usw. als Durchschnittsbürger erstellen sollen, ohne zugleich Drucker, Layouter, Schnitt-, Video- und Tontechniker, ausgebildeter Redakteur oder Musiker zu sein? Heute ist dies alles ohne tiefergehende Kenntnis möglich, man muss nur entsprechende Anwenderkenntnisse der Software haben, die wiederum durch intuitive Bedienoberflächen schnell zu erlernen sind. Frei nach dem postmodernen Motto: Alles ist möglich und nichts ist gewiss.
Die heutigen Menschen, zumal die digital natives, also – wie bereits erwähnt – die Generationen, die mit einer selbstverständlichen und nicht wegzudenkenden Internet- und Computernutzung aufwachsen, sind nur bloße Anwender, aber keine Umwender. Sie sind oft digitale Analphabeten, da sie die digitalen Module nicht aufschlüsseln respektive dekodieren können. Sie nutzen nur die Module und wenden diese an – zum Beispiel bei der Erstellung von Internetseiten, die auf dem besagten Baukastensystem fußen –, die ihnen von den Programmatoren (Flusser) – also jenen wenigen Menschen, die in der Lage sind, die einzelnen Module zu entwerfen, zu entwickeln und zu verändern (heutige Programmierer[10]) – zur Verfügung gestellt werden. Da die Anwender den Aufbau und die inhaltliche Struktur der Module nicht verstehen, können sie diese selbst nicht verändern. Mehr noch: Das Wissen darum, dass diese Module und Symbolcontainer etwas

[10] Die Programmierung selbst wird heute immer öfter bei großen Softwareprojekten modular aufgebaut (modulare Programmierung), um so die Übersichtlichkeit zu fördern, aber auch, um es einem Programmiererteam leichter zu machen, gemeinsam an einem Projekt zu arbeiten. Die Nutzung von Programmbibliotheken, eine Sammlung von (Unter-)Programmroutinen, zur Lösung von wiederkehrende Aufgabenlösungen, ist heute obligatorisch.

Zusammengesetztes sind, geht verloren. Es mangelt schließlich nicht mehr nur an der Fähigkeit, die Module zu verändern, sondern am Wissen, dass sie überhaupt veränderbar sind. Sie treten dem Menschen als kaum veränderbare Einheit entgegen, sie erscheinen als Monas bzw. Monade oder auch átomos, die Unteilbarkeit (und damit in gewisser Hinsicht auch Alternativlosigkeit) suggerieren. Ein solcher modularer Aufbau, das Patchworken von Handlungsroutinen zu neuen, übergeordneten Einheiten, findet sich, wie oben bereits angedeutet, nicht nur in der digitalen Welt, sondern z.B. auch im Theater. Denn auch die theatrale Kunstform der Commedia dell'arte – das italienische Stehgreiftheater –, deren erste schriftliche Zeugnisse erstmals Mitte des 16. Jahrhunderts auftauchen, wenngleich deren Anfänge im Dunkeln liegen (vgl. Bidlo 2007: 18), kann als Beispiel für eine Form und Anwendung modularen Handelns angeführt werden. Ein zentrales Merkmal der Commedia dell'arte – neben ihren vier immer wiederkehrenden Masken – ist die Improvisation.

Die Commedia dell'arte ist insofern eine besondere Form des Theaterspiels, als dass den Aufführungen und Dialogen kein geschriebenes Stück zugrunde liegt. Weiterhin folgt sie inhaltlich keinem philosophischen Anspruch, ist kein Psychogramm eines Charakters oder liefert unmittelbar praktische Antworten auf Fragen des Alltags. Vielmehr liegt ihr Schwerpunkt in der unmittelbaren Situation, im Augenblick des Spielens. Daher steht die Commedia dell'arte auch für sich selbst und zielt auf eine szenische Wirkung, nutzt mitunter auch das Spektakuläre für dieses Anliegen. Für dieses Unterfangen bedient sie sich der Improvisation, die zentrales Merkmal für sie wird.

Die Commedia dell'arte steht bei genauer Betrachtung in einem Netz von Zusammenhängen, die sich wechselseitig bedingen, ohne unmittelbar kausal zu wirken: so besonders das nicht auf Text basierte und botschaftsfrei Spiel, die hervorgehobene Körperlichkeit der Schauspieler, dazu die Masken und die improvisierte szenische Darstellung (vgl. Bidlo 2007: 20). Hier stehen sich gleichwohl Wiederholung und Improvisation als Spannungsfeld gegenüber. So drohte fortwährend die Gefahr der Gewöhnung an die eigene Spielweise und routiniertes Spielen. Die Improvisation war umgekehrt nicht voraussetzungsfrei, denn es gab kurze Handlungs- und Verlaufsskizzen, die zumindest einen gliedernden Effekt hatten. Die Improvisation bestand darin, aus diesem Fundus eine geeignete Handlung oder Reaktion zu erzeugen und ins Spiel zu bringen. So verblieb immer ein kreativer Funke in jeder Spielsituation, der zu Überraschungen, für Zuschauer und Darsteller, führen konnte. Die Schauspieler bildeten einen Fundus von Gelegenheitsphrasen und -handlungen aus, die in jeder Situation angebracht werden konnten, um so etwaige Folgehandlungsabbrüche im improvisierten Spiel zu überbrücken und sich eine Replik zu überlegen.

Der große Erfolg solcher Module – seien es Handlungen, Bildversatzstücke, Datenpools oder Programmteile usw. – mag auch an der zunehmenden Pluralität der Welt, der Sichtweisen, Perspektiven und Möglichkeiten liegen, die die Gegenwart heute bietet und die selbst wiederum Teil einer Modulkombinatorik sind. Zugleich sind diese Symbolcontainer aber auch Teil dieses Möglichkeitsraumes, der sich durch sie erst eröffnet. Warum lohnt es sich nun, diese Module in den Blick zu nehmen? Weil sie das Wissen in feste Formen gerinnen lassen und die Welt dadurch vorformen und kodifizieren. Durchschauen können diese Kodifizierungen nur die wenigen – nach Vilèm Flusser – Programmatoren, die die Kenntnisse und die Fähigkeit haben, die kleinen Einheiten, aus denen die Module bestehen, herzustellen, zu verstehen und zu verändern: das können einzelne Programmzeilen, -routinen, musikalische Loops oder Bilder von Videosequenzen sein. Aber nicht nur in der digitalen Welt zeigen sich Module als größere Sinneinheiten. Auch schon vor der digitalen Revolution, ja schon zu Anbeginn des gemeinschaftlichen und gesellschaftlichen Seins hat es solche größeren Sinneinheiten gegeben. Der Prozess der Modularisierung führt gleichwohl zu einer Verschiebung von polytetischem hin zu monothetischem Wissen (vgl. Schütz 1982: 115ff.).[11] Es ist nicht nur so, dass polythetische Erfahrungen – polythetisch meint in Anlehnung an Schütz den schrittweisen Aufbau von Erfahrungs- und Wissenszusammenhängen in monothetische, also gesamtheitliche – Einheiten übertragen werden, sondern das solche polythetischen Einheiten bereits monothetische Zusammenfassungen beinhalten und die einzelnen Fragmente (Module) als solche nicht mehr sichtbar und rückführbar sind, da z.B. auf der Anwendungsebene sehr wohl polythetisches Anwendungswissen abgefragt wird.

> „Der Wahrscheinlichkeitsgrad unseres Wissens, von der Überzeugung durch empirische Gewißheit bis zum blinden Glauben kann [...] entsprechend bestimmt werden, wie jenes Wissen durch klare und deutliche Schritte erworben wurde, die man polythetisch rekonstruieren kann. In der Alltagssprache ausgedrückt: es kommt darauf an, ob wir die Herkunft unseres Wissens angeben und die einzelnen Handlungen des Wahrnehmens, Begreifens, Verstehens und Lernens aufzeigen können, durch die wir von einem Wissenselement erfahren oder mit ihm bekannt werden" (Schütz 1982: 119).

Und damit liegt eine Gefahr der Modularisierung in ihrem Verschleierungspotential bei gleichzeitiger Unkenntnis bzw. mangelnder Fähigkeit der Anwender zum Umwenden und Aufbrechen solcher Module. Das Nachspüren, Re- und Dekonstruieren solcher Sinneinheiten ist überdies wesentlicher Teil des Literatur- und Theaterbetriebs. Auf gesellschaftlicher Ebene ist ein solches Nachspüren von Bedeutung, um gewisse vorgefundene Module bzw. Motive dekonstruieren, die Fundierung – durch Module – des Handelns nachvollziehen und die

---

[11] Diese Verschiebung ist insgesamt kennzeichnend für den Prozess der Technisierung, spiegelt sich gleichwohl auch im Rahmen des Prozesses der Institutionalisierung wider (vgl. hierzu Berger/Luckmann 1994).

Gründe für ihre Deutungsmacht erklären zu können. Roland Barthes hat das exemplarisch mittels einer semiologischen Analyse in seinem Buch „Mythen des Alltags" gemacht. Er offenbart dabei auch die Machtstrukturen und -verhältnisse, die gewissen Mythen oder Motiven zugrunde liegen. Diese Mythen – im Sinne Barthes – lassen sich ebenfalls im Sinne des hier verstandenen Moduldenkens als eben diese verstehen. Kulturelle Figurationen und Wissensordnungen sind immer auch mit Macht- und Herrschaftsformen verbunden. Solche Figurationen und Ordnungen des Wissens begründen, fundieren und produzieren gesellschaftliche Herrschaftsverhältnisse. Daher erfolgt die Analyse solcher kulturellen Ordnungen und Formationen, unabhängig davon, ob man die Analyse Dekonstruktion (Derrida), Semiologie (Barthes) oder Diskursanalyse (Foucault) nennt: Die Analysen zielen darauf, die dahinterliegenden Machtformen und Sinnsetzungsprozesse aufzudecken.

Der Mythos ist bei Roland Barthes in diesem Kontext kein Objekt, Begriff oder Idee, sondern eine Aussage, eine Weise des Bedeutens, des Deutens und der Form (vgl. Barthes 2003: 85). Die Form bzw. die Ausdrucksweise ist dabei nicht auf die Schrift reduziert, sondern umschließt alle „bedeutungsvollen Einheiten" (Barthes 2003: 87) und damit letztlich alle Zeichenträger einer Gesellschaft, z.B. Autos, Bilder, Schilder, Texte oder auch gewisse Praktiken. Im Rahmen des semiotischen Systems stellt der Mythos eine Bedeutung zweiter Ordnung dar, der sozusagen parasitär auf ein vorhandenes System aufsteigt und dieses als Trägermedium nutzt: „[D]er Mythos ist insofern ein besonderes System, als er auf einer Kette aufbaut, die bereits vor ihm existierte" (Barthes 2003: 92). Der Mythos beinhaltet damit zwei semiotische Systeme.

<table>
<tr><td>1. Bedeutendes (Sprache)</td><td>2. Bedeutetes (Sprache)</td><td></td></tr>
<tr><td colspan="2">3. Zeichen (Sprache)
I. BEDEUTENDES (MYTHOS)</td><td>II. BEDEUTETES (MYTHOS)</td></tr>
<tr><td colspan="2">III. ZEICHEN (MYTHOS)</td><td></td></tr>
</table>

(Abbildung nach Barthes 2003: 93)

Das erste System ist das linguistische System, die Objektsprache (Sprache, Bild etc., d.h. die Darstellungsweise). Dieses nutzt der Mythos, um sein eigenes semiotisches System zu etablieren. Barthes bezeichnet den Mythos daher auch als Metasprache. Die Darstellungsweisen, besonders die der modernen Massenmedien – Fotografie, Text, Video –, aber auch die theatralen und performativen Darbietungen darstellender Kunst erhalten so neben ihrer denotativen Bedeutung auf der konnotativen Ebene polysemische Bedeutungspotentiale, die Barthes vor dem Hintergrund moderner Kulturen ideologisch aufgeladen sieht (vgl. Bidlo 2010: 35). Die Bedeutung entsteht erst durch die Interaktion des Rezipienten mit dem Gegenstand vor dem Hintergrund gewisser Diskurse. Die polysemischen Bedeutungspotentiale sind dabei zwar offen, aber nicht willkürlich, da sie vor dem Hintergrund kultureller Figurationen und Wissensordnungen erzeugt werden. Der Mythos, und das ist einer seiner wichtigen Funktionen, verkehrt Geschichte in Natur und suggeriert damit ein unweigerliches Faktensystem. Damit führt der Mythos eine Notwendigkeit und Kausalität ein, wirkt durch sie und wird so zu einem drängenden Erklärungsmodell, aus dem heraus dann wieder gesellschaftliche Zustände legitimiert werden.

Die Entlarvung einer Darstellungsweise *als* und die damit einhergehende Analyse *des* Mythos veranschaulichen dann den (nicht deterministischen) Zusammenhang von Bedeutung und Erklärungspotential des Mythos für eine Gesellschaft. Erleichtert wird die Herstellung und Verbreitung solcher Mythen mit Erklärungs- und Geltungspotential für eine Gesellschaft nicht nur durch die Verbreitung und Nutzung technischer Kommunikationsmedien im Alltag, sondern durch ihre strukturelle Tendenz zur Modularisierung, zum Content-Management und damit auch zur oben angesprochenen Wiederholung. Durch das Andocken an andere Module kann die ursprüngliche Bedeutung des Mythos verschleiert werden, ohne seine Wiedererkennung zu beeinträchtigen. In einem anderen Zusammenhang macht dies Pierre Bourdieu mit dem Argumentationsmodul der Globalisierung in seinem Buch „Gegenfeuer 2" (Bourdieu 2001) und stellt dar, wie sich aus einer wissenschaftlichen Theorie ein Glaubenssystem entwickelt, sich hermetisch gegen Gegenargumente abriegelt. Auch wenn dieses Versatzstück zwischenzeitlich durch die weltweite Finanzkrise an Deutungsmacht verloren hat, zeigt sich daran sehr gut, wie sich eine unwidersprechliche Wirkung und Deutungsmacht entwickeln kann. Foucaults Arbeit liegt eine zentrale Sichtweise zugrunde, die sich solchen Deutungen als Diskursen zuwendet: „Muss das, was selbstverständlich ist, wirklich selbstverständlich sein?" (Foucault 2005: 828). Und nimmt man diese Selbstverständlichkeit nicht an, dann werden Soziologen bzw. Kultur- und Sozialwissenschaftler auch zu „Mythenjäger[n]" (Elias 1993: 51).

Im Rahmen der Medienkultur haben Horkheimer und Adorno (vgl. Horkheimer/Adorno 2010) der darin befindlichen Kulturindustrie eine Standardisierung der Ästhetik vorgeworfen, zumindest, wenn man darunter die auf Standardisierung ausgerichteten Produkte von Film, Rundfunk oder Musik versteht. Für sie handelt es sich um die Wiederholung des Immer-Gleichen, „Kultur heute schlägt alles mit Ähnlichkeit" (Horkheimer/Adorno 2010: 128) mit dem „Stein der Stereotypie" (Horkheimer/Adorno 2010: 157).

Im Kontext der digitalen Technologien sind die Nutzer aber nicht nur Rezipienten, sondern auch Produzenten sowie Distribuenten, so dass sich eine reine Gefolgschaft den Medieninhalten gegenüber ohne Weiteres nicht ausmachen lässt. Die Mythenjagd beginnt insofern früher, als das technische Medium als Hardware und die dazugehörige Software als Produktionsmittel digitaler Artefakte und die (möglicherweise) begrenzte Anwendungsfähigkeit der Nutzer Begrenzungen, Surrogate, Firnis oder Telos implizieren. Diesen möglichen Weisen gilt es, sich zu entgrenzen. Flusser sieht im Spiel die Möglichkeit dies zu tun, Entwürfe hervorzubringen, die solchen Begrenzungen widersprechen. Der Entwurf ist das aus dem Spiel mit den in einer Situation angelegten Möglichkeiten und in die Wirklichkeit übersetzte, entstandene Werk. Für Flusser ist daher das Spielen und der Mensch als *Spieler* für den in der modernen digitalen Welt lebenden Menschen eine ausgezeichnete Perspektive: „Nicht eine Gesellschaft von Göttern, sondern eine von Spielern ist nämlich zu besprechen" (Flusser 1999: 95).[12] Damit wird das kreative Spiel, das einer Suchbewegung nach neuen Möglichkeiten gleicht, ein möglicher Versuch, die Begrenzungen durch Module zu überschreiten. Und hierin eröffent sich auch für das Theater und der Theaterpädagogik ein weiterer Legitimationsgrund, indem sie ein solches kreatives Spiel ermöglichen; und zwar nicht nur in der Rezeption, sondern vor allem auch in der je eigenen Produktion durch die Menschen, in der Darbietung und der Performance.

---

[12] Der Spielbegriff selbst hat eine lange Tradition in der Moderne (vgl. Bidlo 2008). Für die konstituierende Rolle des Spiels für die Kultur vgl. z.B. Huizinga 2004.

Literatur

Albrecht, Felix (2014): Was ist das Feld – und was steckt dahinter? Zur Konstruktion von Forschungsfeldern am Beispiel von Kreativitätsbewertungen. In: Poferl, Angelika, Reichertz, Jo (Hrsg.) (2014): Wege ins Feld – methodologische Aspekte des Feldzugangs. Oldib Verlag, Essen, S. 300-312.

Barthes, Roland (2003): Mythen des Alltags. Suhrkamp, Frankfurt/Main.

Baugh, Bruce (1996): Deleuze und der Empirismus. In: Balke, Friedrich, Vogl, Joseph (Hrsg.): Gilles Deleuze. Fluchtlinien der Philosphie. Wilhelm Fink Verlag, München, S. 34-54.

Bergson, Henri (1994): Zeit und Freiheit. Europäische Verlagsanstalt, Hamburg.

Bidlo, Mike (1989): Masterpieces. Bischofberger, Zürich.

Bidlo, Oliver (2002): Zeitlose Werte? Wertvorstellungen in der Fortschrittsgesellschaft In: Büchergilde Gutenberg (Hrsg.): Sehnsucht nach Sinn. Wertvorstellungen junger Menschen im vereinten Europa. Büchergilde Gutenberg, Frankfurt/Main, Wien , S. 73-85.

Bidlo, Oliver (2007): Commedia dell'arte. Ein Kurzüberblick über ihre Eigenarten. In: Thepakos. Interdisziplinäre Zeitschrift für Theater und Theaterpädagogik. Heft August/September 2007, S. 17-22.

Bidlo, Oliver (2008): Das Leben ist ein Spiel. Anmerkungen zu einem Begriff der Moderne. In: Thepakos. Interdisziplinäre Zeitschrift für Theater und Theaterpädagogik. Ausgabe 7, 2008, S. 40-44.

Bidlo, Oliver (2009): Rastlose Zeiten. Die Beschleunigung des Alltags. Oldib Verlag, Essen.

Bidlo, Oliver (2010): Tattoo. Die Einschreibung des Anderen. Oldib Verlag, Essen.

Bidlo, Oliver (2011a): Kreativität, Abduktion und das Neue. Überlegungen zu Peirce' Konzeption des Neuen. In: Schröer, Norbert, Bidlo, Oliver (Hrsg.), S. 45-53.

Bidlo, Oliver (2011b): Mittelerde als Ausdruck romantischer Kreativität und Sehnsucht. In: Hither Shore, Band 7, 2010, Scriptotium Oxoniae, Düsseldorf, S. 32-47.

Bourdieu, Pierre (2001): Gegenfeuer 2. Für eine europäische soziale Bewegung. UVK, Konstanz.

Buber, Martin (1998): Reden über die Erziehung. L. Schneider, Heidelberg.

Curtius, Ernst Robert (1984): Europäische Literatur und lateinisches Mittelalter. Francke Verlag, Bern, München.

Dawkins, Richard (1978): Das egoistische Gen. Springer Verlag, Berlin, Heidelberg, New York.

Debord, Guy (1955): Einführung in eine Kritik der städtischen Geographie. In: Gallissaires, Pierre, Mittelstädt, Hanna, Ohrt, Roberto (Hrsg.) (2008), S. 17-20.

Debord, Guy (1957): Rapport über die Konstruktion von Situationen und die Organisations- und Aktionsbedingungen der internationalen situationistischen Tendenz. In: Gallissaires, Pierre, Mittelstädt, Hanna, Ohrt, Roberto (Hrsg.) (2008), S. 28-44.

Debord, Guy (1996): Die Gesellschaft als Spektakel. Edition Tiamat, Berlin.

Deleuze, Gilles (2007): Differenz und Wiederholung. Wilhelm Fink Verlag, München.

Derrida, Jacques (2004): Die différance. Ausgewählte Texte. Reclam, Stuttgart.

Dewey, John (1980): Kunst als Erfahrung. Suhrkamp, Frankfurt/Main.

rlehmann, plomlompom (2013): Internet-Meme – kurz & geek. O'Reilly, Köln.

Fischer, Ludwig (1976): Topik. In: Grundzüge der Literatur- und Sprachwissenschaft, Band 1: Literaturwissenschaft, DTV, München, S.157-164.

Florida, Richard (2002): The Rise of the Creative Class. And How It's Transforming Work, Leisure and Everyday Life. Basic books, New York.

Flusser, Vilém (1983): Für eine Philosophie der Fotografie. European Photography, Göttingen.

Flusser, Vilém (1999): Ins Universum der technischen Bilder. European Photography, Göttingen.

Flusser, Vilém (2002): Medienkultur. Fischer Taschenbuch, Frankfurt/Main

Flusser, Vilém (2007): Von der Freiheit des Migranten. Einsprüche gegen den Nationalismus. Europäische Verlagsanstalt, Hamburg.

Foucault, Michel (2005): Die Sorge um die Wahrheit. In: Derselb.: Schriften in vier Bänden. Dits et Ecrits. Band 5, Suhrkamp, Frankfurt/Main, S. 823-836.

Gallissaires, Pierre, Mittelstädt, Hanna, Ohrt, Roberto (Hrsg.) (2008): Situationistische Internationale. Der Beginn einer Epoche. Nautilus, Hamburg.

Goldmann, Luzia (2011): Die Wiederholung als ästhetisches Prinzip. Überlegungen zur Bedeutung der Wiederholung im Werk Søren Kierkegaards und Adalbert Stifters. http://www.anwesenheitsnotiz.de/-dez-2011/inhaltlicher-ueberblick/die-wiederholung-als-aesthetisches-prinzip#_ftnref4 [20.01.16].

Grube, Norbert (2009): Stereotype in der politischen Plakatpropaganda der Regierung Adenauer. In: Petersen, Thomas, Schwender, Clemens (Hrsg.) (2009), S.14-30.

Gumbrecht, Hans (Hrsg.) (1988): Kreativität – Ein verbrauchter Begriff? Suhrkamp, Frankfurt a.M.

Hickethier, Knut (2013): Mediale Wechselwirkungen – Modelle des medialen Zusammenwirkens. In: Höger, Iris, Oldörp, Christine, Wimmer, Hanna (Hrsg.): Mediale Wechselwirkungen. Adaptionen – Transformationen – Reinterpretationen. Reimer, Berlin, S. 13-27.

Holzberger, Rudi (1995): Das sogenannte Waldsterben: Zur Karriere eines Klischees: Das Thema Wald im journalistischen Diskurs. Eppe Verlag, Aulendorf.

Horkheimer, Max, Adorno, Theodor W. (2010): Dialektik der Aufklärung. Philosophische Fragmente. Fischer, Frankfurt/Main.

Huizinga, Johan (2004): Homo Ludens: Vom Ursprung der Kultur im Spiel. Rowohlt, Hamburg.

Jäger, Margarete, Jäger, Siegfried (2007): Deutungskämpfe. Theorie und Praxis Kritischer Diskursanalyse. VS Verlag, Wiesbaden.

Joas, Hans (1996): Die Kreativität des Handelns. Suhrkamp, Frankfurt/-Main.

Kierkegaard, Sören (1955): Die Wiederholung. Drei erbauliche Reden. Eugen Diederichs Verlag, Düsseldorf.

Kalu, Joy Kristin (2013): Ästhetik der Wiederholung. Die US-amerikanische Neo-Avantgarde und ihre Performance. transcript, Bielefeld.

Keller, Reiner (2006): Michel Maffesoli. Eine Einführung. UVK, Konstanz.

Klose, Alexander (2009): 20 Fuß Äquivalent Einheit – Die Herrschaft der Containerisierung. Diss., Weimer, unter: e-pub.uni-weimar.de/opus4-/files/1426/Klose_Containerdiss_mail.pdf [25.11.16].

Link, Jürgen (1978): Die Struktur des Symbols in der Sprache des Journalismus. Zum Verhältnis literarischer und pragmatischer Symbole. Wilhem Fink Verlag, München.

Link, Jürgen (1997): Versuch über den Normalismus. Wie Normalität produziert wird. Opladen Westdeutscher Verlag.

Lippmann, Walter (1922): Public opinion. Macmillian, New York.

Luhmann, Niklas (1988): Über „Kreativität". In Gumbrecht, Hans-Ulrich (Hrsg.) (1988), S. 13-19.

Maffesoli, Michel (1986): Der Schatten des Dionysos. Zu einer Soziologie des Orgiasmus. Syndikat, Frankfurt/Main.

Nietzsche, Friedrich (1908): Ecce homo Unter: http://gutenberg.spiegel.-de/?id=5&xid=1939&kapitel=1 [20.11.16].

Pape, Helmut (1994): Zur Einführung: Logische und metaphysische Aspekte einer Philosophie der Kreativität. C.S. Peirce als Beispiel. In: Derselbe. (Hrsg.): Kreativität und Logik. Charles S. Peirce und das philosophische Problem des Neuen. Suhrkamp, Frankfurt/Main S. 9.-59

Petersen, Thomas, Schwender, Clemens (Hrsg.) (2009a): Visuelle Stereotype. Herbert von Halem Verlag, Köln.

Petersen, Thomas, Schwender, Clemens (2009b): Einleitung. In: Dieselb. (Hrsg.) (2009a), S. 7-11.
Ramos-Velasquez, Vanessa (2013): Digitale Anthropophagie und das Anthropophagische ReManifesto für das digitale Zeitalter. In: Hanke, Michael, Winkler, Steffi (Hrsg.): Vom Begriff zum Bild. Medienkultur nach Vilém Flusser. Tectum Verlag, Marburg, S. 261-268.
Reckwitz, Andreas (2010): Das hybride Subjekt. Eine Theorie der Subjektkulturen von der bürgerlichen Moderne zur Postmoderne. Velbrück Wissenschaft, Weilerswist.
Reckwitz, Andreas (2012): Die Erfindung der Kreativität. Zum Prozess gesellschaftlicher Ästhetisierung. Suhrkamp, Berlin.
Reichertz, Jo (2006a): Was bleibt vom göttlichen Funken? Über die Logik menschlicher Kreativität. In: Reichertz, Jo, Zaboura, Nadia (Hrsg.): Akteur Gehirn – oder das vermeintliche Ende des handelnden Subjekts. Eine Kontroverse. VS Verlag, Wiesbaden, S. 189-207.
Reichertz, Jo (2006b): „Meine Mutter war eine Holmes". Über Mythenbildung und die tägliche Arbeit der Crime-Profiler. In: Musolff, Cornelia, Hoffmann, Jens (Hrsg.) (2006): Täterprofile bei Gewaltverbrechen. Springer Verlag, Heidelberg, S. 27-50.
Rötzer, Florian (1996): Memetik und das globale Gehirn. Unter: http://www.heise.de/tp/artikel/2/2079/1.html [10.09.14].
Rosa, Hartmut (2005): Beschleunigung. Die Veränderung der Zeitstrukturen in der Moderne. Suhrkamp Verlag, Frankfurt/Main.
Shifman, Limor (2013): Memes: In Digtital Culture. MIT Press, Cambridge
Schmidt, Siegfried J. (1988): Kreativität – aus der Beobachterperspektive. In: Gumbrecht, Hans-Ulrich (Hrsg.), S. 33-51.
Schröer, Norbert, Bidlo, Oliver (Hrsg.) (2011): Die Entdeckung des Neuen. Qualitative Sozialforschung als Hermeneutische Wissenssoziologie. VS Verlag, Wiesbaden.
Schütz, Alfred (1982): Das Problem der Relevanz. Suhrkamp, Frankfurt/Main.

Schwender, Clemens (2009): Alter als audio-visuelles Argument in der Werbung. In: Petersen, Thomas, Schwender, Clemens (Hrsg.) (2009a), S. 79-95.

Virilio, Paul (1998): Rasender Stillstand. Fischer Verlag, Frankfurt/Main

Wulf, Christoph, Zirfas, Jörg (2005): Bild, Wahrnehmung und Phantasie. Performative Zusammenhänge. In: Diesl. (Hrsg.): Ikonologie des Performativen. Wilhelm Fink Verlag, München, S. 7-32.

Wunden, Wolfgang (2003): Der „mediale Mensch" ist kreativ vernetzt. Beiträge aktueller Kulturanthropologie, Medienphilosophie und Theologie zu einer entstehenden Medien-Anthropologie. In: Pirner, Manfred L., Rath, Matthias (Hrsg.): Homo medialis. Perspektiven und Probleme einer Anthropologie der Medien. Kopaed Verlag, München, S. 48-62.

Die Kunstform des Schauspielers – Zu Georg Simmels *Zur Philosophie des Schauspielers*

Georg Simmel hat mit seinem unvollendeten Essay „Zur Philosophie des Schauspielers" grundlegende Aspekte für eine Theorie des Theaters und des Schauspielers formuliert. Sein besonderer Verdienst ist es, die Kunst des Schauspiels als eine eigenartige Kunst herauszustellen, die sich nicht auf eine reproduzierende Handhabung eines Textes reduzieren lässt.

Simmel hat sich als Theoretiker des Kulturellen und des Sozialen, aber auch als Kunsthistoriker und Kunstkenner mit einer Vielzahl von Alltagsphänomenen und Wirkmechanismen der Moderne beschäftigt. Seine Vorlesungen waren über akademische Grenzen hinweg bei den jungen Leuten in Berlin, den Zugereisten, Fremden und Emigranten sehr beliebt. Mitunter kamen bis zu 500 Zuhörer und Zuhörerinnen zu seinen Veranstaltungen. Simmel war einer der ersten, der Frauen als Zuhörerinnen zuließ. Er galt als ein Zentrum der geistigen Elite in Deutschland. Zusammen mit Max Weber und Ferdinand Tönnies begründete er 1909 die Deutsche Gesellschaft für Soziologie (DGS). Sein Aufsatz „Das Problem der Soziologie" und sein Werk „Soziologie. Untersuchungen über die Formen der Vergesellschaftung" entwerfen ein Programm der Soziologie als selbständige Wissenschaft. Zugleich entwickelte er das Prinzip der sozialen Wechselwirkung, in das die Individuen eingesponnen sind.

Weiterhin begründete Simmel eine verstehende Soziologie, die die Existenz einer objektiven Realität nicht ausschließt, aber die Fähigkeit zum reinen Erkennen derselben bestreitet. Den Ausschnitt der Realität, welchen wir für unsere Wirklichkeit halten, haben wir selbst mitentworfen, weil wir ihn aus einer bestimmten Perspektive heraus konstruiert haben. Dergestalt gibt es prinzipiell viele „Wahrheiten", z.B. – wie sich noch zeigen wird – bei der Interpretation einer Schauspiel-

rolle, insofern es unterschiedliche Organisationen und Lebensanforderungen gibt.
Einige wichtige Essays und Arbeiten zum Bereich der Kultur und des Schauspiels sind „Zur Philosophie des Schauspielers", „Vom Wesen der Kultur" (beide 1908), „Über den Schauspieler" (1909) und „Der Schauspieler und die Wirklichkeit" (1912). Posthum ist 1923 der umfangreichere und inhaltlich veränderte Aufsatz mit dem gleichen Titel aus dem Jahr 1908 Zur Philosophie des Schauspielers erschienen.
Simmels Ausgangspunkt für die Frage nach der Kunst und der Bedeutung des Schauspielers ist die zu seiner Zeit weit verbreitete Annahme, dass durch das Schauspiel ein Dichtwerk bzw. Drama in die reale, darstellende Welt übertragen werden müsse. Denn das Schauspiel hat es mit einem unmittelbaren Publikum zu tun und steht in kommunikativer Absicht zu diesem. Deshalb nährt das Schauspiel den Eindruck, als wende es sich mehr dem Natureindruck bzw. -ausdruck zu und nicht so sehr einem künstlerisch eigenständigen Anspruch. Denn das zu spielende Drama selbst stellt bereits ein abgeschlossenes Kunstwerk dar. Wo bleibt dann aber die Kunst des Schauspiels im Allgemeinen und die des Schauspielers im Besonderen? Woran also kann der Schauspieler schöpferisch tätig werden?
Folgt man der allgemeinen These, dass der Schauspieler ein Schriftwerk nur in einen naturalen Ausdruck hebt, es „in die überzeugende Wirklichkeit" (Simmel 1923, S. 1) zurückführt, dann verbleibt seiner Tätigkeit nur der Ausdruck einer naturalistischen Übersetzung, eine Abbildung, nicht aber ein eigenständiges künstlerisches Wirken.
Die von einem Autor gezeichnete Bühnenfigur stellt jedoch keinen ganzen Menschen dar, Aspekte wie Stimme, Mimik und Gestik bleiben meist hinter einer allgemeinen Beschreibung zurück und können darüber in ihrer sinnlichen Ganzheit nicht unzweideutig durch einen Text erfasst werden. Vielmehr stehen ganz andere Bereiche der Figur im Fokus der Konturierung: Welche Überzeugungen, gesellschaftlichen Hintergründe, Ideen, Motive und gedanklichen Eigenarten führt

der Dichter seiner Figur zu? Er projiziert demnach vor allem den „eindimensionalen Verlauf des bloß Geistigen" (Simmel 1912, S. 2).
Diesen Entwurf des Geistigen und die zumeist skizzenhafte Form des Sinnlichen überträgt nun der Schauspieler nicht in die Wirklichkeit, sondern in, wie Simmel es nennt, „Vollsinnlichkeit". Und genau darin liegt eine Besonderheit. Denn die Versinnlichung des geistigen Gehalts ist nicht gleichzusetzen mit seiner Verwirklichung. Simmel grenzt die Sinnlichkeit von der Wirklichkeit ab.
Er geht hier über das zu seiner Zeit vorherrschende naturalistische und positivistische Denken hinaus. Deren erkenntnistheoretische Überzeugungen besagen, dass nur die naturwissenschaftlichen Erfahrungswissenschaften zu Erkenntnissen gelangen können und dass alles Seiende auf eine kausale Natur zurückgeführt werden kann. Damit wird zum einen unterstellt, dass es eine „reale" Wirklichkeit gibt und dass diese ohne große Reibungsverluste vom Menschen wahrgenommen werden kann. Aus diesem Grund kann es in dieser Sicht auch einen problemlosen korrespondenztheoretischen Wahrheitsbegriff geben, der Wahrheit als Übereinstimmung bzw. Abbildverhältnis von Aussage und Wirklichkeit versteht. Auf das Verhältnis von Schauspieler und Drama übertragen, folgt daran anschließend die zu Simmels Zeiten vorherrschende Meinung, dass der Schauspieler das Drama abbilden müsse. Demnach kann es dann auch nur eine richtige oder der Wirklichkeit nahe kommende Darstellung geben.

Kurzportrait Georg Simmel (1858-1918)
Simmels philosophisches Hauptwerk Philosophie des Geldes behandelt die zunehmenden unpersönlichen und sachlichen Beziehungen in der modernen Gesellschaft. Durch Geld verlieren die Beziehungen der Menschen zunehmend an Bedeutung, werden rationalisiert und versachlicht bis hin zur Entfremdung. Diesen Aspekt hat Simmel im weiteren Verlauf seiner Arbeiten stärker konturiert und normativ ausgeweitet. Die Tragödie der Kultur charakterisiert sich durch das Übergewicht dessen, was man den objektiven Geist nennen kann, gegenüber dem subjektiven Geist. Das heißt, in der Sprache wie im Recht, in der Produktionstechnik wie in der Kunst, in der Wissenschaft wie in den Gegenständen der häuslichen Umgebung ist eine Summe von Geist verkörpert, deren täglichem Wachsen die geistige Entwicklung der Subjekte nur sehr unvollständig und in immer weiteren Abstand folgt. Daraus folgt für Simmel eher ein Rückgang der Kultur der Individuen im Bezug auf Geistigkeit, Zartheit, Idealismus. Diese Diskrepanz ist im Wesentlichen der Erfolg wachsender Arbeitsteilung; denn eine solche verlangt vom Einzelnen eine immer einseitigere Leistung, deren höchste Steigerung seine Persönlichkeit als Ganzes oft genug verkümmern lässt. Jedenfalls, dem Überwuchern der objektiven Kultur ist das Individuum weniger und weniger gewachsen (vgl. Georg Simmel: Die Grosstädte und das Geistesleben. Aus: Die Grossstadt. Vorträge und Aufsätze zur Städteausstellung. Jahrbuch der Gehe-Stiftung Dresden, hrsg. von Th. Petermann, Band 9, 1903, S. 185-206, Dresden).
Eine umfangreiche Online-Textsammlung von und über Georg Simmel mit seinen sämtlichen Publikationen – dar- unter auch die hier angesprochenen Aufsätze – findet sich im Internet unter:
http://socio.ch/sim/

Wenn Simmel nun von „Versinnlichung" im Gegensatz zur „Verwirklichung" spricht, löst er sich bewusst von o.g. erkenntnistheoretischen Voraussetzungen. Während die Verwirklichung mehr der Nachahmung bedarf – diese findet man beim Imitator – braucht der Schauspieler eine künstlerisch-schöpferische Begabung.

> „Denn der Gegenstand des Nachahmers ist die Wirklichkeit, sein Ziel ist, als Wirklichkeit genommen zu werden. Der künstlerische Schauspieler aber ist so wenig wie der Porträtmaler der Nachahmer der wirklichen Welt, sondern der Schöpfer einer neuen, die freilich dem Phänomen der Wirklichkeit verwandt ist, da beide aus dem Vorrat der Inhalte alles Seins überhaupt gespeist werden; nur dass eben die Wirklichkeit die früheste Form ist, in der jene Inhalte uns entgegen treten, ihre erste Erkenntnismöglichkeit – das erregt die Illusion, als wäre die Wirklichkeit als solche der Gegenstand der Kunst" (Simmel 1923, S. 3).

Auch der Schauspieler greift auf seinen Erfahrungsfundus zurück, aber seine Darstellung ist ein subjektives Lebendigmachen des geistigen Inhaltes des Dramas. Das Bild, das sich der Dichter von einer Figur gemacht hat und die Darbietung, die ein Schauspieler von dieser Figur dem Publikum übergibt, sind zwei völlig unterschiedliche Schöpfungen. Natürlich liefert das eine dem anderen eine gewisse Rahmung. Daher lässt sich auch keine reine Beliebigkeit herleiten, wenn es um die Interpretation einer Rolle geht. Text, Subjektivität und sozialer Kontext gestalten im konkreten Prozess des Spielens eine nicht beliebige Rolle. Freilich steht es einem Schauspieler frei, eine beliebige Darstellung abzuliefern; Ergebnis wäre aber ein spürbarer Verlust von Authentizität. Aber dennoch lässt sich aus der Textvorlage keine unmittelbare Referenz und Präferenz des einen für das andere herleiten. Nur aus diesem Grund kann es unterschiedliche, ja konträre Interpretationen einer Rolle geben, da es zwar eine Rahmung, nicht aber eine Kausalität gibt. Das Spannungsfeld zwischen der Subjektivität des Schauspielers, seiner sozialen und lebensweltlichen Einbettung und der textuellen Anlage der Figur formt eine Auffassung der Rolle, die weder nur auf Objektivität noch auf Subjektivität basiert. Dieses Spannungsfeld stellt letztlich eine für sich stehende Kunstleistung dar, die eine Eigenartigkeit besitzt.

> „Der Schauspieler ist nicht die Marionette der Rolle. Sondern zwischen der bloßen Wirklichkeitsanschauung und dem Versuch, aus der Literatur herauszupressen, was sie für sich allein nie hergeben kann – steht die schauspielerische Kunst als ein Drittes, aus eigener Wurzel wachsend, weder aus der Wirklichkeit noch aus dem Drama zu erschließen oder als Synthese zu gewinnen. So wenig wie man einem Gemälde gegenüber sich die Wirklichkeit vorstellen soll, für die das Bild nur Reproduktionsmittel der Phantasie wäre (das ist die Photographie), sondern wie das Bild sein eigener Endzweck ist, in das die Wirklichkeit hineingeleitet ist, das aber nicht wieder in die Wirklichkeit hineinleitet – so ist auch die schauspielerische Darstellung Hamlets nicht ein Medium, durch das die Phantasie einen realen oder den literarischen Hamlet sieht. Die schauspielerische Kunstleistung ist selbst das Ziel des Weges und nicht eine Brücke, über die hin es zu einem weiterhin gelegenen Ziel ginge" (Simmel 1923, S. 7-8).

In heutiger Sprache erhält der Aspekt der Verwirklichung eine andere Bedeutung, da sich durch verschiedene philosophische Strömungen ein neues (altes) Verständnis von Wirklichkeit aufgetan hat. Einer wahren, positivistischen Wirklichkeit steht heute vielmehr eine Vielzahl von sozial konstruierten Wirklichkeiten gegenüber (sozialer Konstruktivismus). Wirklichkeit verweist nicht mehr auf Singularität, sondern auf Pluralität. Sie ist selbst bereits Ausdruck eines Verhältnisses von

Subjektivität, Intersubjektivität und Objektivität. Die Kunst des Schauspielens ist dergestalt ein emergenter, irreduzibler Ausdruck.

Verwendete Texte von Georg Simmel (unter http://socio.ch/sim/):
(1908): Zur Philosophie des Schauspielers.
(1908): Vom Wesen der Kultur.
(1909): Über den Schauspieler.
(1912): Der Schauspieler und die Wirklichkeit.
(1923): Zur Philosophie des Schauspielers.

Friedrich Schiller *Der Verbrecher aus verlorener Ehre*

Philosophische und soziologische Implikationen

Die erste Fassung der Erzählung *Der Verbrecher aus verlorener Ehre* entstand 1785 unter dem Titel Verbrecher aus Infamie, liegt also zeitlich in der Nähe des Don Carlos, und erschien zunächst 1786 anonym in der Thalia. Der Untertitel *Eine wahre Geschichte* verweist vordergründig auf den realhistorischen Kontext und deutet scheinbar darauf, dass Schiller hier nicht als Dichter oder Redner gestalten will, sondern als Geschichtsschreiber, der ein authentisches Ereignis aus der neueren Zeit erzählt. Jacob Friedrich Abel erzählte Schiller diese wahre Geschichte vom Mörderwirt. Gerade Mitte des 18. Jahrhunderts war die Darstellung eigenartiger Kriminalfälle zu einer verbreiteten und beliebten literarischen Gattung geworden, in denen auch die gesellschaftlichen Hintergründe der Tat und die ursprüngliche psychologische Motivation des Täters erfasst wurde.

Schillers an sich kurze Erzählung *Verbrecher aus Infamie. Eine wahre Geschichte* veröffentlichte er in einer leicht überarbeiteten Fassung 1792 in den Kleineren prosaischen Schriften unter dem bekannteren Titel *Der Verbrecher aus verlorener Ehre. Eine wahre Geschichte* Neben Titel und Vorrede wurden vor allem sprachlich und inhaltlich anstößige Stellen verändert. Schiller milderte einige Kraftausdrücke wie *Hure*, die zu H wurde und beseitigte weiterhin einige dialektische und grammatikalische Unebenheiten (vgl. Aurnhammer 1990, S. 254).
Zugrunde liegt dieser Erzählung die wahre Geschichte des bekannten schwäbischen Räuberhauptmanns Friedrich Schwan, genannt der Sonnenwirt (1729-1760). Dieser wuchs nach dem Tod seiner Mutter bei einer Stiefmutter auf und geriet, nachdem er seinen eigenen Vater bestohlen hatte, mit erst siebzehn Jahren in Haft. Aus der Haft

entlassen, verbündete er sich mit einer armen Bürgerstochter aus seiner Heimatstadt. Da beide Väter die Eheerlaubnis verweigerten, wurde er für sein uneheliches Kind und seine „Frau" zum Räuber. Nach erneuter Haft und der Flucht aus dieser, schloss er sich einer Räuberbande an. Im weiteren Verlauf dieser Begebenheit erschoss er seinen Verfolger Hohenecker aus dem Hinterhalt, kam in Gefangenschaft, gestand seine Taten und wurde schlussendlich zum Tode verurteilt und 1760 hingerichtet (vgl. Aurnhammer 1990, S. 256).

Anklänge an die *Räuber* sind unverkennbar; beide Hauptfiguren töten nicht, um Beute zu machen bzw. um der Beute willen; beide Banden gleichen sich in einer Reihe von Zügen, und auch das Motiv der verlorenen Ehre findet sich in den *Räubern*. Trotzdem sind die psychischen und seelischen Voraussetzungen beim Moor und Sonnenwirt zu unterschiedlich, als dass man von einer tiefergehenden Gemeinsamkeit sprechen und Die Räuber als tragenden oder grundlegenden Subtext der Novelle *Der Verbrecher aus verlorener Ehre* verstehen könnte. Schillers kurze Erzählung beginnt nun mit einer ungewöhnlich breiten und langen theoretischen Einleitung, die sich mit der Psychologie des Verbrechens und des Verbrechers beschäftigt. Die Ambivalenz zwischen der Verbesserung oder Verschlechterung in der seelischen Disposition jedes Menschen stellt Schiller in der Vorrede dar. Er rechtfertigt seine „Kriminalgeschichte" als einen Beitrag zur moralischen Bildung bzw. der Seelenkunde; hierbei interessieren ihn vor allen Dingen die psychologischen und soziologischen Probleme, welche mit dem Dasein verknüpft sind und tief in die Welt des moralischen Bewusstseins hineinreichen, und nicht so sehr die spannende Begebenheit des Verbrechens selbst. Schiller erstellt somit ein komplexes Psychogramm seines Protagonisten nach den mechanistischen Vorstellungen seiner Zeit. Seine Psychologie gehört ins 17. und 18. Jahrhundert: Alle menschlichen Taten wurden hier auf ein ethisches Koordinatensystem von Gut und Böse bezogen.

Der Erzähler erklärt nun den Leser zum Verbündeten seines Engagements gegen die herrschen den Normen und für eine humane Gesellschaft. Das Publikum wird hier als Souverän zum Urteil über einen Menschen aufgerufen, obwohl die Judikative diesen bereits als Verbrecher abgeurteilt hat.

Der Verbrecher aus verlorener Ehre im Kontext der Schillerschen Philosophie

Schiller gilt seit seinen Anfängen als ein eminent philosophischer Dichter und philosophierender Künstler. Er fühlte sich der Revolution bzw. der Veränderung der politischen und gesellschaftlichen Umstände im Vollzug der Vernunftsgesetze verbunden. „Den Geist der bürgerlichen Revolution, wenn auch nicht ihrer konsequent plebejischen und jakobinischen Fraktion, atmet Schillers gesamtes Werk" (Mayer 1987, S. 15). Schillers Erzählungen sind notwendigerweise in einem engen Zusammenhang mit seinen historischen und philosophischen Schriften zu verstehen. Bis zum Ende der 80er Jahre des 18. Jahrhunderts fühlte er sich mit der Wolffschen Populärphilosophie verbunden. Bis zum Erscheinen der Hauptwerke Kants beherrschte Christian Wolffs Philosophie die deutschen Universitäten. Inhaltlich war sie im Wesentlichen eine Systematisierung der damals bekannten Leibnizschen Grundgedanken und stellte eine Entfaltung und Anwendung dieser auf allen Gebieten des Wissens dar. Eine Grundthese ist die Unvollkommenheit des Individuums, die mit der von Gott gegebenen Freiheit eines menschlichen Wesens auch zu Bösem in der Welt oder zum Übel führen kann. Aber gleichzeitig besitzt der Mensch auch die Möglichkeit zur wahren Sittlichkeit zu gelangen. Zu Beginn der 1890er Jahre wechselte Schiller nun die Wolffsche Philosophie gegen die Philosophie des Kantischen Kritizismus. Dies bedeutete einen Wechsel des philosophischen Systems. Ohne hier im Einzelnen auf die Unterschiede zwischen Kant und Wolff bzw. Leibniz einzugehen sei darauf hingewiesen, dass Kant sich unter anderem mit

Wolff in der sogenannten vorkritische Periode beschäftigte. So zeigt sich in dieser Verkettung Schiller-Wolff (Leibniz)-Schiller-Kant-Wolff (Leibniz), dass Schillers Veränderung hin zu Kant kein Wechsel in die entgegengesetzte philosophische Richtung war. Gerade Kants Moralismus war für Schiller von entscheidender Bedeutung. Kant verband den in der Natur wirkenden Determinismus mit dem freien Willen im Menschen:

Für den Menschen als Erscheinung, d.h. als Objekt möglicher Erfahrung unter anderen Gegenständen, gilt die Form (Kategorie) der Ursache ebenso wie für alle anderen empirischen Objekte. Gleich ihnen steht er nun in einer Kette von Ursachen und Wirkungen; genau hierin wurzelt der Determinismus. Was aber ist der Mensch an sich – unabhängig von seinem Status als Objekt? Theoretisch findet man hier keine Antwort, da dies die Grenzen jeder möglichen Erfahrung überschreiten müsste.

Praktisch jedoch, d.h. als moralisch handelnde Person, kann man davon ausgehen, dass man über einen freien Willen verfügt und durch ihn über die Determiniertheit der Naturerscheinungen erhoben wird. Was theoretisch eine unentscheidbare Möglichkeit ist, wird in der Ethik zum praktischen Postulat. Denn zum Handeln nach den unveränderlichen moralischen Gesetzen, die in ihm selber gründen, ist der Mensch nur in der Lage, wenn er sich als indeterminierte freie Person versteht.

Nach dieser kurzen Skizze des kantischen Moralismus wird der Bezug zum Verbrecher aus verlorener Ehre sichtbar. Sie verdeutlicht das Spannungsfeld zwischen der individuellen Freiheit, der indeterminierten freien Person auf der einen Seite und des zweifellos vorhandenen gesellschaftlichen Determinismus. Gefangen zwischen diesen beiden Polen, gelingt es dem Protagonisten Christian Wolf nicht, sein Leben zu arrangieren. Auf der einen Seite erscheint das Verhalten der Gesellschaft verantwortlich für seine Situation, allgemeiner: für die Entstehung von gesellschaftsbedrohenden Minderheiten.

> „Weil du ein paar Schweine geschossen hast, die der Fürst auf unsern Äckern und Feldern füttert, haben sie dich Jahre lang im Zuchthaus und auf der Festung herumgezogen, haben sie dich um Haus und Wirtschaft bestohlen, haben dich zum Bettler gemacht. Ist es dahin gekommen, Bruder, dass der Mensch nicht mehr gelten soll als ein Hase? Sind wir nicht besser als das Vieh auf dem Felde? Und ein Kerl, wie du, konnte das dulden?" (Schiller 1998, S. 58)

Die Gesellschaft hat Wolf die Schutzfunktion aufgekündigt und ihm die Möglichkeit eines humanen Lebens verwehrt, er wird in den Naturzustand zurückgestoßen. Dieser Verlust des gesellschaftlichen Ansehens treibt ihn zum Höhepunkt der Ächtung der gesellschaftlichen Struktur. Die soziale Situation des Außenseiters spiegelt sich in seinem seelischen Zustand wider, in dem er die gesamte Menschheit als Feind betrachtet.

Schillers sozialpsychologische Vorstellungen wurzeln trotz seines Einstehens für Republik und Freiheit zum Teil auch im Hobbeschen Naturrecht – Schiller ist ein Zeitgenosse des Übergangs vom absolutistischen ins bürgerliche Zeitalter und der Französischen Revolution und steht in diesem Spannungsfeld. Das Rollenbewusstsein des Einzelnen ist geprägt durch sein Eingebettetsein in die bürgerliche Gesamtgruppe, welche durch Normen und Werte die willkürlichen individuellen Tendenzen in Grenzen hält.

Gerade hierin sieht Hobbes übrigens die Legitimationsbasis einer absolutistischen Gesellschaftsordnung. Hiernach können die egoistisch geleiteten und selbstsüchtigen Einzelinteressen nur auf vertraglichem Wege eingedämmt werden, indem sich die Menschen einem absolutistischen Herrscher unterwerfen, dem alle Gehorsam leisten und hierdurch Schutz und die Möglichkeit eines humanen Lebens erhalten. Nach Hobbes besitzt der Mensch nicht von vornherein die Anlage zu einem gesellschaftlichen Wesen, sondern er muss erst zu ei-

nem solchen gemacht werden. Fällt er aus der Gesellschaft heraus, verliert er im Zuge dessen die gesellschaftliche Wesenheit und fällt zurück in einen Naturzustand. Der Mord, welchen Wolf als Höhepunkt seiner 'Outlaw'-Identität verübt, führt zur endgültigen Lösung von allen integrativen Zusammenhängen. Folgerichtig geschieht diese Tat abseits vom Dorf, welches exemplarisch als Ort des normativ geregelten gesellschaftlichen Miteinanders verstanden werden muss, in der Natur als Symbol für das Zurückfallen in einen vorgesellschaftlichen Naturzustand. In diesem Zustand ist Wolf das gefährliche wilde Tier von dem sich die Bürgerlichkeit bedroht sieht und auf das es Jagd macht. Dabei sind die eigenen wölfischen Instinkte zum Ausleben freigesetzt. In der Bandenbildung, welche eine Art Gegengesellschaft zur Bürgerlichkeit darstellt, ist der Mensch ein Wolf unter Wölfen; *homo homini lupus est*. Zu diesem Zeitpunkt wird deutlich, dass Schiller den Namen Christian Wolf, für den Protagonisten seiner Novelle, in dreifacher Hinsicht belegt hat. Zunächst die Namensgleichheit mit dem Philosophen Christian Wolff, wobei dieser mit zwei f geschrieben wird, hingegen unser Protagonist nur mit einem.
Die Verbindung aber dürfte durch die oben dargelegten Erläuterungen deutlich geworden sein; Schiller vertrat lange Zeit die Wolffsche Philosophie, die die Freiheit des Menschen, also einen Indeterminismus vertrat, und erst später wendete er sich dem Kantischen zu; obgleich auch Kant sich mit dem Wolff-Leibniz-System auseinandersetzte und hierdurch die Verbindung Wolff-Schiller-Kant gewahrt bleibt.
Weiterhin hat Schiller seinem Protagonisten den sprechenden Namen Christian Wolf gegeben, um so die Doppelnatur des Menschen zum Ausdruck zu bringen, da im Vor- und Nachnamen, die gegensätzlichen Möglichkeiten zum Guten und zum Bösen angelegt sind.
Die dritte Belegung des Namens Wolf ist als eine Erweiterung des letztgenannten Aspekts zu verstehen. Der Name Wolf steht hier für den Rückfall in das Naturrecht; hier herrschen die Instinkte, keine ü-

bergeordneten Normen oder Gesetze, hier ist sich jeder selbst der Nächste. Diesen Umstand kann man im Hobbeschen Sinne als Notstaat verstehen, eine Art vorgesellschaftlicher Zustand. Folgt man dieser naturrechtlichen Auffassung, so wird deutlich, dass sich das Bewusstsein der Integration und der Geborgenheit nur dann einstellen kann, wenn der absolutistische Machthaber für die Bürgerschaft die gesellschaftliche Sicherheit übernimmt. Wenn man den absolutistischen Machthaber nun als eine patriarchische Struktur versteht, wird offenkundig, dass die Vaterlosigkeit Wolfs dazu führte, dass es ihm an patriarchalischer Disziplinierung mangelte, welche ein wichtiger Faktor im absolutistischen Erziehungssystem war. Diese Darstellung Schillers muss aber als Kritik am patriarchalischen Herrschaftssystem verstanden werden, durch die er eine Annäherung vom Adel zum Bürgertum umschreiben wollte. Die absolutistische Hierarchie von Obrigkeit und Untertanen wird hier als eigentliche Quelle der sozialen Ungerechtigkeit angesprochen. Schiller drückt dies zum Schluss durch das vorbildhafte Verhalten des Amtmannes aus, der an die Stelle der Härte die Freundlichkeit, an die Stelle der Verständnislosigkeit ein menschliches Mitfühlen setzt.

Zum ersten Mal überhaupt wird Wolf eine Integrationshilfe angeboten, deren bisherige Verweigerung ihn zu verbrecherischen Handlungen geführt haben. Somit steht der Amtmann für einen möglichen Lösungsansatz, der die Vermittlung zwischen Individuum und Gesellschaft ermöglicht. Aus diesem Grund wird Wolf in letzter Konsequenz auch nicht freigesprochen, denn seiner Taten soll er nicht entlastet werden, sondern der Gesellschaft aufgezeigt werden, dass man diese Taten hätte verhindern können.

Literatur

Aurnhammer, Achim (1990): Engagiertes Erzählen: Der Verbrecher aus verlorener Ehre. In: ders. (Hrsg.,1990)

Aurnhammer, Achim, Manger, Klaus, Strack, Friedrich (Hrsg.,1990): Schiller und die höfische Welt. Niemeyer, Tübingen - Mayer, Hans (1987): Versuche über Schiller. Suhkamp, Frankfurt/Main

Schiller, Friedrich (1998): Der Verbrecher aus verlorener Ehre. In: ders.: Sämtliche Werke. Weltbild, Augsburg

Alles Theater?

Zum Verhältnis von Theater und Gesellschaft

Gesellschaft und Theater haben eine eigentümliche Beziehung zueinander. Anschaulich ausgedrückt wird dieses Verhältnis durch das alte Theatergleichnis: Die Welt ist ein Theater und die Menschen sind Schauspieler. In der Tat nimmt das Theater in gewisser Hinsicht zu gesellschaftlichen Verhältnissen Stellung, – auch wenn es nicht die erste Intention eines Arrangements ist oder sein muss – nämlich über die Rollendarstellung und die Rollenverhältnisse. So kann das Theater in mehrfacher Hinsicht zu einem gesellschaftlichen Erkenntnismedium werden. Es kann als Möglichkeit dienen, mehr über sich und über sein Sozialverhalten zu erfahren. Dergestalt ist es ein Reflexionsmedium. Damit ist nicht nur das Theaterschauen gemeint, sondern vor allem auch das angeleitete Theaterspielen. Solcherart bietet das Theaterspielen eine besondere Form der ästhetischen Bildung. Es besitzt in gewisser Hinsicht einen Doppelcharakter. Es dient zum einen der Möglichkeit der Selbsterfahrung und Reflexion durch das Spiel. Und zum anderen kann das eigene Spiel, sofern es in einen solchen Zusammenhang gestellt ist, sprich: sofern es einen kritischen Anspruch hegt, selbst zu einem Bruch von Selbstverständlichkeiten bei dem Publikum führen, wie es beispielsweise bei der Brechtschen Verfremdung der Fall ist und dadurch alternative Lösungen anstößt.
Theater selbst besitzt innerhalb einer Gesellschaft einen fluktuierenden Sinn und lässt sich nicht auf eine Funktion reduzieren. Denn es trägt immer auch ein Maß an Unverantwortlichkeit mit und in sich, das es ihm ermöglicht, Gesellschaftsstrukturen, Beziehungsmuster und Interaktionsschemata zu enthüllen, zu hinterfragen und zu kritisieren. Werden dann noch Alternativen angedeutet, wird Theater zu einem medialen Möglichkeitsspielraum individueller und gesellschaftlicher Potentialität. Das Theater holt individuelle und gesellschaftliche

Hintergründe heran, fokussierend gleichsam einer Kamera. Und im Gegensatz zu anderen Medien kann es durch ein besonderes Maß an Unmittelbarkeit diese Wirkung erzielen, kann durch seinen (zwar) künstlichen Erfahrungsraum unmittelbare Erfahrung und Erlebnis werden. Die ewig gleichen Geschichten von Liebe, Hass, Unterdrückung oder Aufruhr entwickeln so ihren polyphonen Eindruck und Ausdruck. Dergestalt besteht in der Selbstreferentialität des Theaters – oder anders ausgedrückt: in seinem reinen (finanziellen) Selbsterhaltungstrieb – die größte Gefahr für es selbst; der Verlust an Unverantwortlichkeit, die Anpassung an den medialen Betrieb, der Verlust an Dissonanz. Diese Dissonanz wird zumeist nur noch durch visuelle Provokation, weniger jedoch durch ein inhaltliches Infragestellen fortgeführt. Diese Optisierung muss das Theater gegenüber Film und Fernsehen verlieren.
Theater muss auch Missklang der Gesellschaft sein und zugleich die Sehnsucht wecken als Opposition zur Resignation. Insofern kann es dann zur Wiederverzauberung der Welt beitragen.

Ästhetische Erfahrung

Im Rahmen von Theaterproduktionen wird oft der Aspekt des Ästhetischen oder der ästhetischen Erfahrung aufgeworfen. Eine genaue Bestimmung, was damit eigentlich gemeint ist, fällt oftmals schwer, da die Bedeutung der Ästhetik bzw. der ästhetischen Erfahrung häufig nicht expliziert wird – was oftmals beabsichtigt ist –, sondern implizit bleibt. Dergestalt verliert der Terminus der Ästhetik, der ein fundamentaler der Kunst und der Philosophie ist, an Tragkraft. Der Begriff der Ästhetik trägt – zumindest alltagssprachlich – scheinbar eine klare und eindeutige Bedeutung. Solcherart versteht man gemeinhin das Ästhetische als das Schöne. Bei genauer Beschau, sei es philosophischer, wissenschaftlicher oder künstlerischer Natur, wird eine Eingrenzung des Ausdrucks Ästhetik allerdings schwieriger.

Der Ausdruck *Ästhetik* ist abgleitet vom griechischen *aisthesis*, was soviel wie „sinnliche Wahrnehmung" bedeutet. Bis ins 19. Jahrhundert hinein wird die Ästhetik mit der Kallistik (gr. kallistos = sehr schön) gleichgesetzt, d.h. die Lehre vom Schönen. Der Gegenstandsbereich der Ästhetik wird dort entsprechend zumeist bestimmt als das Schöne oder die Kunst. Der Begründer der philosophischen Ästhetik als eigenständige philosophische Disziplin ist Alexander Gottlieb Baumgarten (1714-1762). Zuvor gab es zwar ebenfalls ein reichhaltiges ästhetisches Denken – so beispielsweise bei Sokrates, Platon oder Aristoteles, der Spätantike (z.B. Plotin), im Mittelalter oder der Renaissance –, aber erst bei Baumgarten findet man eine Systematisierung und Grundierung der Ästhetik als philosophische Disziplin. In seinem Werk *Aesthetica* (1750/58) stellt er die Ästhetik als Wissenschaft von der sinnlichen Erkenntnis der Logik gleichberechtigt gegenüber. Aber bereits Baumgarten verweilt bei der Ästhetik nicht als einer Wissenschaft sinnlichen Erkennens, sondern versteht darunter auf der Basis seiner Semiotik und Psychologie auch das sinnliche Darstellen. Damit wird sie desgleichen zu einer Theorie der freien Küns-

te, auf deren Fundus, besonders der Rhetorik und Poetik, Baumgarten selbst zurückgriff. Baumgartens Entwurf der Ästhetik besaß einen großen Einfluss auf die weitere Ausbildung der Kunsttheorie im 18. Jahrhundert.
Die Ästhetik als einfache Theorie der Kunst zu verstehen, reduziert die ästhetische Erscheinung in unverhältnismäßiger Weise, denn die vielfältige Durchdringung von Ästhetik und Lebenswelt kann so kaum erfasst werden. Und auch eine Ästhetik als Einstellung und Theorie der sinnlichen Wahrnehmung verliert in diesem Zusammenhang im komplexen Spiel von ästhetischen Situationen, im Wahrnehmen, Erinnern, Reflektieren und Vorstellen, den besonderen Aspekt der Ästhetik. Hierzu bemerkt Hartmut Böhme:

> „Die Analyse komplexer ästhetischer Situationen verdeutlicht, daß das ästhetische Phänomen in einem ebenso flüssigen wie integrativen Prozeß von Wahrnehmungsakten und Reflexion, von Wissen und Erinnern, von Imagination und Assoziation, von gespürten Atmosphären und analytischen Einsichten, von projektiven Entäußerungen und introjektiven Verinnerlichungen sich allererst konstituiert. Ästhetische Erkenntnis will in diesem Fluß und Gemenge keine Hierarchie und keine Zensur. Das heißt auch: Ästhetik steht nicht in der Führung durch sittliche oder theoretische Vernunft."[1]

Ästhetik oder genauer ein ästhetisches Wahrnehmen muss dergestalt als ein Prozess verstanden werden. Allerdings ein Prozess, der nicht nur aus sich selbst heraus entsteht und voranschreitet, sondern durch ein tätiges Üben hervorgerufen und eingeschleift werden kann. Solcherart kann sich eine besondere Form der Aufmerksamkeit und des Wahrnehmens ausbilden, eben ein sinnliches Wahrnehmen, das animiert und anhält zur eigenen tätigen oder gedanklichen Verwirklichung. Nun darf dieses Üben nicht als methodisches Operieren des

Verstandes oder als rationalistische Versuchsreihe missverstanden werden. Im Gegenteil beginnt die Ästhetik vielmehr mit dem Einspruch gegen eine rationalistische Skepsis des Sinnlichen. Sie versteht sich als eine neue Sichtweise der sinnlichen Aufnahme und Beurteilung. Während die rationalistische Vorstellung sinnliche Wahrnehmung als unscharf, unzuverlässig und täuschungsanfällig versteht, erkennt die Ästhetik – im Sinne Baumgartens – eine Wahrheit des Sinnlichen; sie erfasst etwas an Gegenständen, „was sich anders nicht erfassen lässt, was zu erfassen sich aber lohnt".[2] Denn das sinnliche Erfassen und Beurteilen im Rahmen einer ästhetischen Wahrnehmung folgt eigenen Kriterien und Ansprüchen der Richtigkeit. Diese Kriterien der Richtigkeit gewinnen ihren Sinn „aus der Erschließung einer Gegenstandsdimension, die dem methodisch prozedierenden Erkennen aus dem Geist der Geometrie grundsätzlich verschlossen ist".[3] Das Sinnliche wird zu einer eigen*artigen* subjektiven Handlung, nämlich zur *Tätigkeit*. Der Tätigkeitscharakter der Ästhetik ist das Üben bzw. Einüben des sinnlichen Wahrnehmens. Ästhetisches Wahrnehmen kann durch Übung im Vollzug des sinnlichen Aufnehmens ausgebildet und verbessert werden. Dieses Einüben ist der ästhetische Entwurf dessen, was innerhalb der rationalistischen Auffassung entweder Methodik oder Dressur des Wahrnehmungsapparates ist. Übung ist nun gebunden an das eigene Selbst. Christoph Menke macht dies deutlich, indem er betont: „Üben kann ich nur, was ich selbst tun kann. Darauf zielt ja das Üben: es selbst tun zu können. Und üben muß ich nur, worüber ich nicht beliebig verfügen kann. Das macht ja das Üben nötig: daß etwas tun zu wollen nicht ausreicht, um es tun (und erst recht nicht: um es gut tun) zu können".[4]

Daher zeigt sich über die Einsicht der Bedeutung des Übens zugleich eine weitere Einsicht in die Art des geübten Inhalts. Übung ist Prozess, Geübtes ist geronnener Vollzug. Sinnliches Erfassen wandelt sich von einer passiven Empfindung zu einer Tätigkeit, die jedoch nicht durch Methodik oder Regelhaftigkeit gekennzeichnet ist, sondern durch Prozessualität. Ästhetik besitzt hiernach nicht die Objektivität eines z.B. Gegenstandes, sondern verwirklicht sich im Prozess des Wahrnehmens und realisiert sich erst im Umgang mit dem Wahrgenommenen. Somit folgt die Tätigkeit des ästhetischen Wahrnehmens und Beurteilens nicht einer Methodik oder lässt sich durch wiederholendes, regelhaftes Tun erreichen, sondern findet ihren Anstoß in der Tätigkeit des Übens, im sich Aussetzen von Situationen, in denen sich Ästhetik entwickeln kann. Die Zeitlichkeit einer ästhetischen Wahrnehmung bzw. der ästhetischen Situation ist demzufolge die unmittelbare Gegenwart, das prozessierende Hier und Jetzt. Natürlich bleibt auch die Möglichkeit zur Reflexion, aber ein zu starker gedanklicher Fokus und kategorisierender Blick birgt die Gefahr des Verlustes des ästhetischen Prozesses für eine analytische Schau.

Bezüglich des praktischen Übens wird an dieser Stelle übrigens der Bezug und die Ähnlichkeit zur theaterpädagogischen Praxis deutlich. Diese verharrt nämlich nicht nur in einer passiven und zuschauenden Position, sondern sucht vielmehr nach eignen Möglichkeiten des praktischen, theatralen Tuns. Hierdurch eröffnen sich Möglichkeitsfelder zur Wahrnehmung und Verwirklichung von Ästhetik. Die Symbolik und der Ausdruck des Künstlerischen erschließen wir nur, wenn wir sie immer wieder neu erfahren. Natürlich unterstützen uns hierbei frühere Erfahrungen mit anderen Kunstproduktionen oder -werken. Aus diesem Grund ist das Heranführen von Kindern an Kunst in ihren vielfältigen Formen von Belang, denn ein Gefühl für Theater, Literatur, Musik oder Malerei mag vielleicht in jedem schlummern, ausbilden kann sich dies nur in der konkreten künstlerischen Situation, in die man gestellt wird. Dieses In-eine-Situation-gestellt-sein muss nicht zwingend in ein eigenes praktisches Tun münden. Auch das Betrachten oder Zuhören kann ein Dialog zwischen Kunstwerk und Zuschauer bzw. -hörer sein. Doch zumeist mündet ein solcher Dialog, sofern man sich ihm häufig aussetzt, – angetrieben durch einen dem Menschen innewohnenden Urhebertrieb – in ein eigenes Hervorbringen. Aus diesem Grund kann theaterpädagogisches Arbeiten für die Sache der Ästhetik zweifach wirken. Zum einen unterstützt sie das Einüben der Wahrnehmung von ästhetischen Situationen. Aber dort bleibt sie nicht stehen, sondern schreitet darüber hinaus weiter zur (im besten Fall) Produktion eigener ästhetischer Situationen, die selbst wiederum von anderen und einem selbst wahrgenommen werden können. Und hier zeigt sich ein doppeltes Gesicht ästhetischen Wirkens. Durch ästhetisches Tun wirkt es zweifach auf einen selbst zurück: Als Handelnder, der wirkt, und als Beobachter, der in kurzen Augenblicken sich vom Akteur zum Beobachter wandelt. Der Beobachter – dies sei daran anschließend bemerkt – ist als latente Struktur im Akteur immer schon eingelassen. Jenes, was durch die besondere Weise des ästhetischen Wahrnehmens mit Freude und Lust erfahren wird, ist also ein zunächst zweckfreier und ungerichteter Prozess des Sichentfaltens von Kräften und Vorgängen, Bezügen und Rückbezügen und nicht die Existenz eines abgegrenzten Gegenstandes oder seine reine Beschaffenheit. Warum zunächst „zweckfrei"? Ein möglicher Zweck kann im Augenblick des Sichvollziehens der ästhetischen Wahrnehmung, im Prozess des Wechselspiels zwischen Betrachtendem und Betrachtetem nicht Fuß fassen, sondern erst durch ein Abwenden und einen Rückbezug auf rationale Kategorien aufgenommen und erfasst werden. Ein Beispiel für diesen Vorgang lässt sich aus einem anderen Bereich anführen, der erstaunlicherweise viele Ähnlichkeiten hierzu aufweist. Es ist die sich ablaufende Bewegung eines Sportlers, die hiermit vergleichbar ist. In der Bewegung beispielsweise eines Stabhochspringers, eines Tänzers oder eines Fußballspielers beim Ausführen eines Freistoßes liegt zwar höchste Konzentration, jedoch ist der Fortgang selbst ein Fluss von Bewegungen, ein Spiel sich frei entfaltender Kräfte. Dort ist kein Nachdenken über den nächsten Schritt oder ein rationales Erfassen über die Bedeutung des Aktes für ein größeres Ganzes. Die Kräfte bzw. das Wirken können (oder sollten sich zumindest) frei entfalten. Die Begrenzung erfolgt durch zuvor gemachte Übungsabläufe, die eine gewisse Zielführung eingeübt haben. Das rationale Erfassen und die Analyse finden sich ebenfalls erst nach dem eigentlichen Akt. Danach kann beschaut, analysiert und verbessert werden. Berichte von Sportlern weisen immer wieder auf diesen Augenblick des freien Laufs der Kräfte und der Gedankenlosigkeit hin.

Nun sind unsere Sinne durch unseren Alltag, ist die Bilderschau in unserer Lebenswelt, vorprägend und bildet den Anschlusspunkt für die ästhetische Schau. Unsere Sinne haben im Alltag die Funktion, die Pragmatik und den Lauf des Lebens in Gang zu halten. Es gibt bei der Lösung von Alltagsproblemen aufgrund von Handlungsroutinen, die sich ausbilden, eine gewisse Typik beim Gebrauch der Sinne und des Verstandes. Bestimmt und geleitet wird sie zugleich durch unseren kulturellen Hintergrund. Bei ästhetischen Erfahrungen und Wahrnehmungen „versetzen wir unsere leibgebundenen Sinnesorgane und unser Denken in eine zweckfreie und doch nicht völlig ungeregelte Bewegung. [...] Wir nehmen etwas nicht bloß in seiner puren Faktizität wahr, sondern wir unterlegen dem Gesehenen eine Perspektive des Sinnes".[5]

Die Ästhetik selbst steht auch weiterhin im Spannungsfeld zwischen den beiden Sichtweisen der Ästhetik als Theorie der schönen Künste und der Vorstellung von Ästhetik als einer allgemeinen Theorie des Sinnlichen.

Anmerkungen

[1] Böhme, Hartmut (1995): Einführung in die Ästhetik.
Unter www.culture.hu-berlin.de/hb/static/archiv/volltexte/texte/aestheti.html

[2] Menke, Christoph (2002): Wahrnehmung, Tätigkeit, Selbstreflexion: Zu Genese und Dialektik der Ästhetik. In: Sonderegger, Ruth, Kern, Andrea (Hrsg., 2002): Falsche Gegensätze. Zeitgenössische Positionen zur philosophischen Ästhetik. Suhrkamp, Frankfurt/Main, S. 24

[3] Ebd. S. 25

[4] Ebd. S. 27

[5] Paetzold, Heinz (1990): Profile der Ästhetik. Der Status von Kunst und Architektur in der Postmoder- ne. Passagen Verlag, Wien, S. 13

Commedia dell'arte – Ein Kurzüberblick über ihre Eigenarten

Die Commedia dell'arte ist eine außergewöhnliche Theaterform, ihr klangvoller Name und ihre vier Masken mit den Figuren der beiden Diener (die „Zanni") „Brighella" und „Arlecchino" und den beiden Alten („Vecchi") „Pantalone" und „Dottore" rufen auch heute noch große Faszination und Assoziationen hervor. Für das, was die Commedia dell'arte ist oder war, was sie ausmacht und wie sie sich entwickelte, werfen wir zunächst einen Blick auf ihre Geschichte. Denn sie hat aus verschiedenen Gründen durch die Zeit eine Vielzahl von Veränderungen und Anpassungen durchgemacht und ist dergestalt eine nicht durchweg homogene Einheit.
Die Entstehung, der Ursprung der Commedia dell'arte, liegt im Dunkeln. Man findet erste schriftliche Zeugnisse über das italienische Stegreiftheater Mitte des 16. Jahrhunderts. Und von dort an häufen sich Hinweise auf Ereignisse, Aktivitäten und Namen, die ihre große Bedeutung zu jener Zeit erahnen lassen. Sie wurde zu einem Urbild für eine besondere Theaterform. Insofern fallen die schriftlichen Zeugnisse aus dem 16. Jahrhundert nicht mit ihrer Ursprungsphase zusammen, sondern müssen vielmehr als ihre Blütezeit verstanden werden. Der davor liegende Zeitraum bleibt undeutlich und hat daher eine Vielzahl von Hypothesen hervorgebracht.[1] Hierzu gehören zum Beispiel ihre Verwandtschaft mit dem antiken Improvisationstheater, der lateinischen Volkskomödie – in der man eine lautliche Verwandtschaft einzelner Charakternamen zu sehen glaubte – oder der Rückführung der Schauspieler der Commedia dell'arte auf die mittelalterlichen Berufsschauspieler; auf der Suche nach einer Ursprungstheorie sah man sie einmal entstanden an den Höfen, ein anderes Mal aus dem Volke kommend oder fand in den Karnevalszügen jene Typen, die man auch in der Commedia dell'arte wiederfindet.

Zwar besaß sie volkstümliche Elemente, aber sie war in ihrer Blüte eine Hochkunst und spielte sich in höfischen Kreisen ab. Letztlich spricht einiges für solche Theorien, aber vieles auch dagegen, so dass schließlich eine eindeutige Antwort auf die Ursprungsfrage ausbleiben muss.[2]
Die letzte große Entwicklungsphase der Commedia dell'arte findet dann Ende des 17. und Anfang des 18. Jahrhunderts statt, dies aber nicht in Italien, sondern in Frankreich. Frankreich unterhielt zu Italien eine Reihe von politischen, wirtschaftlichen und kulturellen Beziehungen. Ende des 17. Jahrhunderts stieg der französische Konkurrent der Commedia dell'arte, das französische Jahrmarkttheater oder Théâtre de la Foire, empor und gewann an Bedeutung. Hierbei handelte es sich um eine Reihe von Unterhaltungsveranstaltungen, zu denen beispielsweise Theaterparodien, Pantomime oder Artistik gehörten. Angestoßen wurde diese Entwicklung durch die Ausweisung der italienischen Komödianten aus Frankreich durch Ludwig XIV. Der Anlass für die Ausweisung war seine Mätresse Madame de Maintenon:

> „Die alt und mißtrauisch gewordene Mätresse des Königs, die es inzwischen bis zur heimlichen Ehefrau Ludwigs gebracht hatte, fühlte sich von dem fröhlich-angriffslustigen Theater der Italiener verunglimpft. Das genügte, um eine erfolgreiche Theatertradition in Paris mit Gewalt zu beenden".[3]

Nun lassen sich zwei miteinander korrespondierende Kennzeichen der Commedia dell'arte festhalten; zum einen die vier Masken und die Improvisation. Beschauen wir zunächst die Masken. Hier gibt es zuerst die beiden Zanni (auch Zani, Zane oder Zanne) Brighella und Arlecchino. Der Begriff Zanni ist eine Verkleinerungs- bzw. Verniedlichungsform des Namens Giovanni, die sich in deutscher Bedeutung noch im „Hanswurst" wiederfindet.

Die Zanni bilden ein Komikerpaar mit disparaten Grundcharakteren. Einer ist aktiv und gestaltet (Brighella), der zweite erduldet die Welt und ihre mitunter komischen Auswirkungen auf den Einzelnen (Arlecchino). Zudem bildet das Ordinäre und Groteske, durch das sich ihre tieferstehende soziale Herkunft ausdrückt, einen Bestandteil ihres Wirkens. Der aktive Zanni Brighella ist zudem schnell und geschickt, listig und bösartig, während der Zanni Arlecchino ahnungslos und naiv, plump und primitiv ist. Ihre soziale Herkunft dient zugleich auch als Erklärung und Entschuldigung für ihre Ausfälle und Attacken, denn sie sind Diener oder Bauern. Dennoch triumphieren die beiden Zanni zuletzt immer, der eine überlegen, der andere in letzter Minute.[4] Dergestalt stellen sie die Wünsche des einfachen Volkes dar. Brighella ist der erste Zanni und bringt im Stück durch seine listigen Einfälle die Intrigen hervor. Seine Maske spiegelt diese List und Gewitztheit wider. Er handelt in einem schnellen Tempo, findet immer ein Wort und eine Antwort und sollte es ihm doch einmal an Schlagfertigkeit fehlen, führt er eine besonders komische Handlung durch, er fängt an zu fechten – er trägt oft ein Holzschwert oder Dolch – oder springt akrobatisch umher, singt und macht Musik mit einer Flöte oder Gitarre.

Arlecchino ist der zweite Zanni und wurde allmählich der Liebling des Publikums. Alle Figuren und ihre Kostüme haben im Laufe der Zeit eine Entwicklung und Veränderungen erfahren. Arlecchino „verlor mit der Zeit die Eigenschaften des zweiten Zani, er wurde witziger, feiner, ironisch, trauriger".[5]

Er darf sich nahezu alles herausnehmen, neben seiner Naivität und Fröhlichkeit zeichnet ihn besonders sein großer Appetit aus. Er ist ein leidenschaftlicher Esser und naiver Spaßmacher, der mal redet, lacht und tanzt, dann wieder tollpatschig und gedankenlos in seiner ihm eigenen Logik auf eine Situation reagiert. Seine Reaktionen tragen den Stempel des Unvorhersehbaren, er selbst scheint über sein Tun und

sich selbst am wenigsten Bescheid zu wissen. Seine Maske wirkt in ihrem Grunde lustig und naiv.
Zu den Zanni gesellen sich die beiden Masken der Alten, die Vecchi, die die gehobene und gebildete Gesellschaftsschicht darstellen. Sie tragen sich und ihre Kleidung mit Würde. Zusammen mit den Zanni bilden Dottore und Pantalone die vier Grundmasken, die ebenfalls je nach Zeit und Ort auch andere und weitere Namen besitzen können. Auch sie haben ihre eigene Redeweise, ihren eigenen Dialekt und besondere, wiederkehrende Accessoires. Die vier Grundmasken müssen als Typen verstanden werden, die ihre Verhaltensweisen und ihr Aussehen immer beibehalten. Das Publikum hatte in neuen Handlungsabläufen insofern immer ein Grundverständnis der Situation. Dies wiederum erleichterte zudem das Verstehen des Stückes, das – wie sich weiter unten zeigen wird – für das Publikum aufgrund von Sprachbarrieren nicht immer im Wortlaut verständlich war. Die beiden Vecchi versuchen sich in ihrer Art vom einfachen Volk abzuheben. Daher stehen sie für die Zuschauer auf der anderen Seite, die Sympathie des Publikums gehört ihnen nicht, sondern den Zanni. Sie bieten derart ein großes Arsenal an unsympathischen Eigenschaften, aus denen sich heraus eine Komik entwerfen kann. Sie sind geizig und habgierig und versuchen, sich ständig über ihre wohlhabende Herkunft zu produzieren.
Der Dottore ist der Inbegriff des vermeintlich allwissenden Gelehrten und Welterklärers. Sein Markenzeichen ist sein nicht endender Redestrom, der nahezu nie zum Stillstand kommt. Und sollte es doch einmal jemandem gelingen, ihn zu unterbrechen, setzt er daran anschließend wohlgekonnt an der abgebrochenen Stelle an und vollendet seinen Monolog. Da er umfassend gebildet ist, spielt das Thema, über das er sprechen soll oder will, keine Rolle. „Er ist der gelehrteste Doktor der ganzen Welt. [...] er hat alles gelernt und nichts begriffen".[6]

Seine Maske ist geprägt durch eine Knollennase. An seinem Gürtel trägt er Papier, Taschentuch und Dolch. Pantalone ist ein reicher venezianischer Bürger, der entsprechend fein gekleidet ist. Sein schwarzer Mantel, den er über den enganliegenden roten Wams und der Hose trägt, verleiht ihm eine besondere Ausstrahlung und Würde. Sein Maske ist braun und aus ihr ragt eine große Nase. Er ist trotz (oder wegen) seines Geldes geizig. Und obwohl er schon älter und verheiratet ist, sucht sein übertriebenes Liebesverlangen immer nach Verhältnissen mit jungen Frauen.[7]

Diese vier Grundmasken bringen durch ihre Eigenarten Verwicklung und Verwirrung hervor, sie treiben das Spiel voran. Die Masken selbst lösen die Individualität auf – sie nehmen den individuellen (Gesichts-)Ausdruck vom Schauspieler – und unterstützen derart die Typenbildung, die durch das gleichbleibende Aussehen und die immer wiederkehrenden Verhaltensweisen der jeweiligen Figuren vervollständigt wird. Was bleibt, ist der Charakter einer Figur. Zudem führen die Masken zur Ausweitung des schauspielerischen Tuns auf den ganzen Körper. Was an Mimik durch die Maske verdeckt wird, muss durch Hände, Füße, Gestik und des gesamten Körperausdrucks ersetzt werden. Dies hatte u.a. auch zur Folge, dass die Schauspieler zum Teil höchste akrobatische Leistungen vollführten.[8] Der Körperausdruck war aus einem anderen Grunde ebenfalls wichtig. Denn alle Figuren sprachen ihren eigenen Dialekt. Dieser war nicht immer leicht zu verstehen, zumal die Commedia dell'arte europaweit auf Reisen ging und in ganz Europa die Marktplätze, Theaterhäuser und die königlichen Höfe eroberte. Nicht nur für das Spielen, sondern auch für das Anhören der Commedia dell'arte waren große Sprachkenntnisse nötig; es wurde die venezianische und neapolitanische Mundart gesprochen, mitunter auch spanisch und französisch, wenn z.B. ein spanischer Hauptmann oder ein französischer Diener mitspielte. Wer der Sprache nicht folgen konnte, fand zumindest über den körperlichen Ausdruck, den artistischen Einlagen und eben durch die festen

Grundzüge der Figuren, Belustigung und Zugang zur Darbietung. Die Commedia dell'arte ist insofern unmittelbares Theaterspiel, als das sie textfrei ist. Ihr liegt kein geschriebenes Stück zugrunde. Die Aufführungen basierten nicht auf einem vorgegebenen, literarischen Dialog. Sie folgt inhaltlich auch keinem philosophischen Anspruch, sie hat keine These, die sie vermitteln will (auch wenn dies in einer marxistischen Interpretation der Commedia dell'arte herausgearbeitet werden will). Sie ist kein Psychogramm eines Charakters oder liefert praktische Antworten auf drängende Fragen des Alltags. Sie spielt für den Augenblick und steht für sich selbst. Sie strebt eine szenische Wirkung an, daher zielt sie mehr auf das Spektakuläre. In diesem Sinne wird verständlich, dass die Improvisation ein zentrales, wenn nicht das zentrale Moment der Commedia dell'arte ist.

Letztlich steht sie in einem Netz von Zusammenhängen, die sich in gewisser Hinsicht bedingen, ohne unmittelbar kausal zu wirken: das nicht auf Text basierende und botschaftsfrei Spiel, die ausgeprägte Körperlichkeit der Schauspieler, die Masken, die den ansonsten fokussierenden Blick der Zuschauer auf den ganzen Akteur lenken und die improvisierte szenische Darstellung. In der stetigen Wiederkehr der Szenen, die es gleichsam stetig durch ein improvisierendes Spiel zu erneuern galt, lag ihre Hauptproblematik. Denn es droht immer die Gefahr der routinierten Handlung, der Gewöhnung an die eigene Spielweise. Nun war die Improvisation in der Commedia dell'arte eingeschränkt und es gab kurze Handlungs- und Verlaufsskizzen, die zumindest einen gliedernden Effekt hatten. Durch solche Versatzstücke konnten die Akteure in ihrem Schauspiel ein beachtliches Repertoire aufbauen. Die Improvisation bestand dann darin, aus diesem Fundus eine geeignete Handlung oder Reaktion zu schöpfen und ins Spiel zu bringen. Zudem verblieb immer auch noch der kreative Funke in jeder Spielsituation, der zu Überraschungen, auch für die Darsteller selbst, führen konnte. Die Improvisation diente nicht nur der Komik:

„Sie war in Wirklichkeit eine neue Stilart, die in gleicher Weise auf Komödie und Tragödie angewandt wurde".[9]
Eingeführt wurde die Improvisation von den theaterspielenden Laien – im Rahmen gesellschaftlicher Spiele, die zur Unterhaltung veranstaltet wurden – und eben nicht durch die Berufsschauspieler. So kommt es den Laien zu, die Improvisation in die Theaterwelt eingeführt zu haben. Und sie konnte nur dort entstehen, wo Aufführungen mit einer gewissen Unvorbereitung und Einmaligkeit dargeboten wurden, ohne die die Improvisation nicht entstehen uns sich ausbilden kann. Die Mitwirkenden von Gesellschaftsspielen, welche häufig von Akademien veranstaltet wurden, bildeten darüber eine Geistesgegenwart und Schlagfertigkeit aus, die zu einem immer ausgeprägteren Stil führten. Darüber hinaus bildeten die Schauspieler einen Fundus von Gelegenheitsphrasen und -handlungen, die in jeder Situation angebracht werden konnten, um so etwaige Schwierigkeiten im improvisierten Spiel zu überbrücken und sich etwas Zeit für eine entsprechende Replik zu überlegen. Dieses improvisierte Spiel war nun lebhafter und freier als die üblichen Darbietungen und fand entsprechend einen großen Anklang beim Publikum. Die improvisierende Darstellung wurde so erfolgreich, dass die Berufsdarsteller sie schon bald aufnahmen bzw. aufnehmen mussten und weiterführten. Die immerwährende Konzentration auf eine einzige Rolle vereinfachte die Improvisation natürlich sehr. Zugleich bildet dies den bereits erwähnten inneren Widerspruch zwischen Wiederholung und Improvisation. Zum einen war es durch die Reduktion auf eine einzelne Rolle einfacher zu improvisieren, zugleich bildeten sich so Handlungs- und Spieltypen aus, die eine individualisierte Spielweise nur eingeschränkt zuließ, wenn nicht gar ganz vermied. Die Typisierung und Stilisierung, ihre Aliterarität und ihre moralische Indifferenz sind einige Gründe, die zu einer Aufweichung, Ablösung bzw. zu einem Abschluss der Commedia dell'arte gegen Mitte des 18. Jahrhunderts z.B. durch

Carlo Goldoni führten, der die Masken und Typen auflöste zugunsten von Personen mit individuellen Regungen.[10]

Anmerkungen

[1] Vgl. Theile, Wolfgang: Commedia dell'arte. Stegreiftheater in Italien und Frankreich. In: Derselb. (Hrsg., 1997): Commedia dell'arte. Geschichte – Theorie – Praxis. Harrassowitz Verlag, Wiesbaden, S. 47

[2] Vgl. hierzu z.B. Krengel-Strudthoff, Inge: Die Commedia dell'arte in Europa. In: Theile (Hrsg., 1997) S. 6-20

[3] Theile S. 49

[4] Für eine ausführliche Beschreibung vgl. Spörri, Reinhart (1977): Commedia dell'arte. Verlag Stutz, Wädenswil, hier S. 5 ff.

[5] Ebd. S. 11

[6] Ebd. S. 22

[7] Vgl. ebd. S. 19

[8] Vgl. Theile S. 51

[9] Wolff, Max J.: Die Commedia dell'arte. In Theile (Hrsg., 1997) S. 87

[10] zu Goldoni vgl. z.B. Krömer, Wolfram: Goldoni und die Commedia dell'arte. In: Bauer, Roger, Wertheimer, Jürgen (Hrsg., 1983): Das Ende des Stegreifspiels. Die Geburt des Nationaltheaters. Wilhelm Fink Verlag, München, S. 17 ff.; als Bildanregungen zur Commedia dell'arte vgl. z.B. Esrig, David (Hrsg., 1985): Commedia dell'arte. Eine Bildgeschichte der Kunst des Spektakels. Delphi Verlag, Nördlingen.

Zum Verhältnis von Authentizität und Theatralität

Die Begriffe Authentizität und Theatralität sind klingend und verfügen über großes assoziatorisches Potential. Gerade in Bezug zum Theater stellen sie zwei oft verwendete und geforderte Einstellungen dar: Mehr noch verbirgt sich hinter dem Begriff der Theatralität ein großer Diskurs innerhalb der Theaterwissenschaft, auf den an dieser Stelle nicht dezidiert eingegangen werden kann. Was aber versteht man unter Authentizität, wenn man sie von einem Theaterstück, einem Schauspieler oder schlicht dem Theater fordert. Und in welchem (möglicherweise) konkurrierenden Zusammenhang steht eine solche Forderung zum theaterumschließenden Begriff der Theatralität? In der Tat mag man vordergründig zunächst zwei verschiedene Verständnisse von Theater erblicken. Sofern Theater nämlich in seinem Spiel Alltägliches oder Besonderes in der Rahmung der Echtheit darstellt, zielt es auf eine Vermittlung von Authentizität. Andererseits kann Theater als polysemiotisches Zeichensystem (vgl. allg. Fischer-Lichte: Semiotik des Theaters) in seiner Gesamtheit verstanden werden; d.h. als eine Theateraufführung mit der Sprache der Schauspieler – aber auch ihrem nonverbalen Ausdruck, der paralinguistischen Rahmung, wie beispielsweise dem Tonfall, der Lautstärke, Pausen oder dem Lachen – und natürlich der gesamten Peripherie wie der Anordnung der Sitze, Vorhang, ggf. der Musik, besondere Gerüchte, der Architektur des Gebäudes etc., kurz: alles, was man im Alltagsverständnis implizit oder explizit mit einem Theatererlebnis assoziiert wird. Dieses soll ja gerade nicht deckungsgleich mit der Alltäglichkeit sein, der Besucher fordert vielmehr diese besondere Atmosphäre, die sich aus dem Zusammenspiel der o.g. Aspekte entfalten kann. Solcherart geht es hierbei eben nicht um die Abbildung der Alltäglichkeit, sondern um die Hervorbringung des „Theaterhaften".

Allein hier zeigt sich also bereits ein erstes Problem, wenn man das Theater authentisch denkt. Beschauen wir dafür zunächst den Begriff der Authentizität. Folgt man ihm etymologisch, leitet sich das lateinische Wort *authenticus* vom griechischen *authentikos* („zuverlässig, richtig") ab, das eine Ableitung von *authentes* (gr. „Urheber") darstellt. Das deutsche Wort authentisch ist erstmals im 16. Jahrhundert verzeichnet und steht seither für das Echte, Verbürgte und Eigenhändige. Zunächst bestand dies noch ohne Wertung bzw. ohne positive Konnotation, da „authentisch" noch an „autorisiert" gekoppelt war, zunehmend gab es aber auch die Verbindung von Authentizität und Glaubwürdigkeit. Psychologisch weist Authentizität (zumindest in der Sichtweise Whiteheads, vgl. Noetzel: Authentizität als politisches Problem. S. 20 ff.) auf ein unreflektiertes und bodenständiges Verhalten, das den wahren Ausdruck des Charakters darlegt, während Inauthentizität als Ausdruck einer instrumentellen Rationalität verstanden wird. Im Verhältnis zum Theater zielt der Begriff auf die Darstellung einer „wie auch immer gearteten 'Wirklichkeit'" (Fischer-Lichte: Wege der Wahrnehmung. S. 6) durch die Bühnenvorgänge. Sie sollen wirklich sein, in sich geschlossen wirken und eine Glaubhaftigkeit vermitteln. In gewisser Hinsicht soll das Authentische das „Als-Ob" des Theaters vermindern. Aber genau hier zeigt sich die Bruchstelle. Denn zum einen kann das Theater seine eigene Einfassung nicht übersteigen (die Frage nach dem Sollen bleibt zunächst unbeachtet), ohne Schaden an seinem Wesen zu nehmen.

Zum anderen besitzt das Theater als Ganzheit bzw. Institution ebenfalls eine Art Authentizität, die durch eine gänzliche Beugung z.B. einer Bühnenaufführung (als ein Teilausschnitt des Theaters, wenn auch wichtiger Teil des Gesamterlebnisses Theater) hin zu einer unterscheidungslosen Angleichung an andere Formen der Wirklichkeit gerade diese seine besondere Form und damit die Authentizität verliert.

Der Begriff „Authentizität" bleibt also schwer zu fassen. Theater bildet Wirklichkeit nicht ab, sondern fügt ihr eigene Momente, Geschichten und Motive hinzu und ist damit selbst Produzent der Wirklichkeit. „Es geht dabei nicht um die Herstellung einer perfekten Illusion, sondern um eine ästhetische Praxis" (Jens Roselt: Die Arbeit am Nicht-Perfekten. In: Fischer-Lichte u.a. S. 30).

Fasst man nun Authentizität in einem weiten Sinne, kann sie als ein entscheidendes Kriterium einer Kunst verstanden werden, die insofern echt und unverfälscht ist, dass sie von einer Nicht-Kunst unterschieden werden kann. Dergestalt geht es nicht um die Frage nach der Lebensnähe oder einen dokumentarischen Gehalt von Kunst, sondern um die Frage: „[W]as macht die Kunst als *Kunst* authentisch, und wie kann der Eigenwert der Kunst aus sich selbst heraus, ohne Rekurs auf sekundäre Wirkungsfunktionen oder Darstellungsformen, begründet werden?" (Ostermann: Die Authentizität des Ästhetischen. S. 11).

In Bezug zum Theater kann die Theatralität als umschließende Fassung die Authentizität beinhalten. Die Handlungen auf der Bühne, d.h. die einzelnen Handlungen der Schauspieler können als Geste verstanden werden, die sich als kodifizierte Sinngebung darstellt. Die Geste wird hier nach Flusser als „eine Bewegung des Körpers" verstanden, „für die es keine zufriedenstellende kausale Erklärung gibt" (Flusser: Gesten. S. 8), was soviel meint, als dass der die Gesten betreffende Prozess nicht „bei kausalen Erklärungen stehen bleiben darf" (Ebd. S. 8), sondern darüber hinausweisen muss. Natürlich sind kausale Erklärungen für das Verstehen einer Geste unerlässlich, aber ihre *Bedeutung*, ihr Sinn, muss aus einem stimmigen Interpretations- bzw. Sinnzusammenhang erschlossen werden. Sind die Gesten und darauf aufbauend die Handlungen stimmig, dann sind sie authentisch. Stimmigkeit wiederum muss sich in einer ästhetischen Darstellung nicht mit den herkömmlich verstandenen Kategorien Irrtum oder Wahrheit bewerten lassen. Denn Wahrheit meint hier nicht die *Übereinstimmung* mit der Wirklichkeit, wie dies erkenntnistheoretisch der Fall ist. Sondern Wahrheit meint hier die Treue und Nähe zum vorgebrachten Material.

Denn es kann sehr wohl der Fall sein, dass eine schauspielerische, emotionsvolle Geste erkenntnistheoretisch – aufgrund des dargestellten Zusammenhanges – richtig ist, sie jedoch ästhetisch *falsch* sein kann, weil sie z.B. durch einen schlechten Schauspieler falsch dargestellt wurde. Wahrheit bekommt somit im Zusammenhang mit Kunst im Allgemeinen und einer schauspielerischen Darstellung im Besonderen eine andere Bedeutung, indem Wahrheit hier auf Stimmigkeit zielt und nicht auf tatsächliche Übereinstimmung mit der Realität. Zugegeben, wir schöpfen aus der Quelle der Realität, dort machen wir unsere Erfahrungen und dort bilden sich auch unsere Bewertungsmaßstäbe. Somit bleibt der Begriff der Stimmigkeit – und damit der Authentizität – auch an die Realität und die Wahrheit gekoppelt. Dennoch beinhaltet der (theatrale) Kunstraum, in dem sich die Darstellung abspielt, eigene Formen dieser Kategorien, die nicht hinreichend aus der Lebenswelt, der „Realität" abgeleitet und erklärt werden können. Aus diesem Grund herrscht dort ein eigenes Sinnfeld, dass durch Übung (z.B. durch regelmäßige Theaterbesuche) aufgenommen und verstanden werden kann. Auch wenn sich diese Aussage nicht als Plädoyer für ein professionelles oder exklusives Kritikerwesen versteht, muss die Schlussfolgerung erlaubt sein, dass ein regelmäßiger Aufenthalt in diesem Sinnfeld, die Bewertung einer Darstellung nach den Kategorien wahr oder unwahr, stimmig oder unstimmig, authentisch oder nicht authentisch erleichtert und erst möglich macht. Es geht also nicht (nur) um Nachahmung – Mimesis –, der in der Welt vorzufindenden Dinge, Handlungen und Situationen.

Nun spielt im Theaterhandeln in der Tat die *Mimesis* eine wichtige Rolle. Platon wendete den Begriff der *Mimesis* sowohl auf das Handwerk als auch auf die Kunst an und verstand beides entsprechend als *techne*. In dieser Sicht steigen die Künste nicht über den Rang der Nachahmung hinaus und werden dadurch abqualifiziert. Erst Aristoteles verwendet den Begriff als ein positives Charakteristikum des künstlerischen Tuns, indem er einen Gestaltungsraum mitdenkt, der nicht nur die einfache Reproduktion meint, sondern darüber hinaus auf die in der Situation (und damit in der Darstellung) angelegten Möglichkeiten verweist. Zwar zielt auch die aristotelische Sicht auf einen Akt der Selbsterkenntnis, der zu einer karthartischen Wirkung führt, dennoch lässt sich ein erster, vorsichtiger Schritt hin zu einem *eigenartigen*, die herkömmliche Welt überschreitenden (Theater)-Raum erblicken. Die Mimesis bildet sozusagen das Wechselspiel zwischen Welt und Theater(Welt).

Während dieses Wechselspiel zunächst auf eine Deckungsgleichheit zielte (Übereinstimmung des Dargestellten mit der Wirklichkeit), wandelte sich dieses Verhältnis zunehmend hin in Richtung Glaubwürdigkeit. Glaubwürdigkeit beinhaltet nicht nur das Tatsächliche, sondern eben auch das Als-Ob, den Möglichkeitsspielraum, den eine Situation bietet. Und mit diesem Spiel des Angebots von Möglichkeiten, die eine Situation bietet, grenzt sich der theatrale Raum zunehmend von einer bloßen Nachahmung der Realität ab und entwickelt eigene Kriterien von Wahrheit und Glaubwürdigkeit. Aber dadurch entzieht sich das Theater auch den herkömmlichen Bewertungskriterien von richtig und falsch, wahr oder unwahr. Die Authentizität einer Darstellung liegt genau in diesem Spannungsfeld: Die Darstellung kann über die Realität hinausreichen, muss aber im Rahmen der Möglichkeiten der Situation liegen. Diese Möglichkeiten sind nicht unbedingt gegliedert nach ihrer Wahrscheinlichkeit: Nicht die wahrscheinlichste Möglichkeit muss Darstellung finden, sondern auch diejenige kann gespielt werden, die unwahrscheinlich ist, sofern sie mit einer natürlichen Glaubwürdigkeit dargeboten wird. „Nur eine Art von Fehler muß um jeden Preis vermieden werden. [Es] darf auch in der Kunst nicht der Eindruck des Künstlichen entstehen. Die größte Kunst bleibt es, diese zu verbergen" (Ostermann S. 61).

Natürlich beginnt der Theaterbesuch mit dem Betreten des Theaters; Gerüche, Arrangement, visuelle Aufbereitung, das alles und mehr sind Teil des Theatererlebnisses. Und dennoch oder gerade deshalb ist den Besuchern deutlich, dass es sich nicht um wirkliche Handlungen, die ihnen vorgespielt werden, handelt, sondern um Nachahmungen oder besser: Angebote. Denn selbstverständlich betritt niemand ein Theater in der Erwartung, einfache Nachahmungen alltäglicher Handlungen dargeboten zu bekommen. Sondern es ist der Wunsch nach (überraschenden) Angeboten, die aber in der Realität wurzeln, auch wenn sie ihren Platz zunächst innerhalb des Theaterraumes einnehmen und nicht in der herkömmlichen Wirklichkeit. Es geht demnach nicht um die Wahrscheinlichkeit einer Handlungsalternative, sondern um ihre Möglichkeit.

Literatur

Fischer-Lichte, Erika, Gronau Barbara u.a. (Hrsg., 2006): Wege der Wahrnehmung. Authentizität, Reflexivität und Aufmerksamkeit im zeitgenössischen Theater. Verlag Theater der Zeit, Berlin.

Fischer-Lichte, Erika (2007): Semiotik des Theaters. Das System der theatralischen Zeichen. Band 1, Gunter Narr Verlag, Tübingen.

Flusser, Vilém (1993): Gesten. Versuch einer Phänomenologie. Bollmann, Düsseldorf.

Noetzel, Thomas (1999): Authentizität als politisches Problem. Ein Beitrag zur Theoriegeschichte der Legitimation politischer Ordnung in der Moderne. Akademischer Verlag Christoph Hofbauer und Ilia Trojanow , Berlin.

Ostermann, Eberhard (2002): Die Authentizität des Ästhetischen. Studien zur ästhetischen Transformation der Rhetorik. Wilhelm Fink Verlag, München.

Roselt, Jens: Die Arbeit am Nicht-Perfekten. In: Fischer-Lichte, Erika, Gronau Barbara u.a. (Hrsg., 2006), S. 28-38.

Das Leben ist ein *Spiel*

Anmerkungen zu einem Begriff der (Post-)Moderne

„Das ganze Leben ist ein Spiel." In der Tat ist diese Anschauung kennzeichnend für die Moderne. Zu allen Zeiten haben die Menschen gespielt. Aber erst ab dem 18. Jahrhundert werden das Spiel und das Spielen verstärkt philosophisch aufgeladen (auch wenn bereits Platon über das Spiel sprach). Es wird zusehends zu einem Entwicklungsmodell kindlichen Weltbegreifens, später zu einem Handlungsbegriff, dann zum Schaubild für gesellschaftlich wünschenswerte Zustände oder sogar in Form des *homo ludens* zum Wesensmerkmal des Menschen in einer neu zu denkenden Gesellschaft. Denn das Spiel scheint auch eine besondere Art der Weltzuwendung und damit eine bestimmte Folie für das Leben zu sein. Das Spiel steht einmal in Opposition zum Begriff der Arbeit. Im Spiel dominiert im Gegensatz zur Arbeit eine gewisse *Zwecklosigkeit*, was soviel wie eine verbindliche Zielforderung meint. Natürlich gibt es im Spiel den Antrieb, zu gewinnen, wenn die Konzeption des Spiels so gestaltet ist. Aber das Spielziel „Gewinnen" verharrt dennoch in einer gewissen Unverbindlichkeit. Man kann hier zurecht einwenden, dass es sich bei Gewinn- oder auch professionellen Sportspielen dann in diesem Sinne nicht um Spiele handelt. Und in der Tat ist der professionelle Fußball- oder Pokerspieler in diesem Sinne ein „Professioneller", womit er zu einem „Arbeiter" wird. Hier verschwimmen die Grenzen zwischen Arbeit und Spiel. Zudem zeigen sich die ersten definitorischen Probleme bei dem Begriff Spiel. Man kommt jedoch auch ohne eine Definition des Spiels aus, wenn man nämlich beschaut, wie der Begriff von verschiedener Seite inhaltlich aufgeladen und für gewisse Vorstellungen verwendet wurde.

Das Spielen oder das Spiel stehen bei der Nutzung ihres assoziatorischen Potentials auch für einen schöpferischen Gestaltungs- und

Lernprozess, den der Mensch für sich fruchtbar machen kann. Denn im Spiel kann unbeschwert ausprobiert, kombiniert und gestaltet werden, ohne ernste Folgen zu befürchten. Beschauen wir in diesem Zusammenhang kurz und exemplarisch einige philosophische Ansätze, in denen die Spielkategorie mit der Ich-Konstitution und dem Weltverhältnis und -zugang in Verbindung gebracht wird.[1]

Bei Immanuel Kant finden wir verschiedene Konnotationen des Begriffs *Spiel*. Zum einen hebt Kant die erzieherische Funktion hervor („Über Pädagogik") und sieht im Spiel ein Erziehungsinstrumentarium, das die Beweglichkeit, Geschicklichkeit und Gesundheit des Kindes fördert. Zugleich werden aber auch die Einbildungskraft und das Erinnerungsvermögen gestärkt. Aber gleichzeitig hegt Kant auch Vorbehalte gegenüber dem Spiel, da es doch moralisch verdächtig erscheint, weil es im Gegensatz zur Arbeit von allen Menschen freiwillig gemacht wird. Zugleich ist das Spiel für die Arbeit nicht nutzbar zu machen; das Spiel ist zwecklos und daher verdächtig. Und hierin sieht Kant das entscheidende Kennzeichen des Spiels. Die Spieltätigkeit ist für ihn eine in sich geschlossene Handlung, die auf nichts außer sich selbst abzielt und in dieser absichtslosen Durchführung die Spielenden unterhält.[2] Diese Abgrenzung des Spiels und die sich in ihnen vollziehenden Handlungen werfen das Problem der Rückbindung des Spiels an die sonstigen Erfordernisse der Realität auf. Da das Spiel sich, nach Kant, nur mit sich selbst beschäftigt, verliert es die Realitätsanbindung. Um das Spiel dennoch in der allgemeinen Lebenspraxis verankert zu sehen, führt Kant den Zweck des Spiels als implizite Rahmung desselben wieder ein: Es soll die Heranwachsenden an die bevorstehenden Aufgaben des Erwachsenenlebens heranführen und wird damit zu einem Erziehungsinstrument.

„Erst durch diese Deutung wird das Spiel in den Funktionszusammenhang der bürgerlichen Gesellschaft hineingenommen und in deren Dienst gestellt."[3] Das Wesen des Spiels ist zweckfrei, der Effekt des Spiels innerhalb der bürgerlichen Gesellschaft ist die Vorbereitung

auf dieselbe. Aber Kant bindet den Spielbegriff, ob der darin enthaltenen Freiheit auch an das Erkenntnisvermögen. Das Erkenntnisvermögen bzw. der Teil der sinnlichen Wahrnehmung darin wird hier vermittels des Spielbegriffs mit den Aspekten der Dynamik und der Freiheit aufgeladen und löst sich so vom regelbehafteten Verstand. In der Wahrnehmung eines schönen Gegenstandes bzw. in einem Geschmacksurteil zeigt sich dann, wie beide zusammenarbeiten.
Damit ein Gegenstand zu einer Erkenntnis werden kann, bedarf es der Einbildungskraft, die die vielfältigen Eindrücke und Anschauungen zusammensetzt. Und es bedarf des Verstandes „für die Einheit des Begriffs, der die Vorstellungen vereinigt".[4] Das Geschmacksurteil bildet sich danach durch das freie Spiel der Wahrnehmung in Kooperation mit dem einheitsbildenden Verstand. Das Spiel bzw. das Spielerische wird also, wie erwähnt, hier bei Kant zum Signum der Dynamik, der Regellosigkeit und Freiheit. Damit sich dieser Prozess in der Wahrnehmung nicht haltlos vollzieht, denkt Kant den Verstand und seine Kontrolltätigkeit mit. An dieser Stelle berühren wir den Bereich der Ästhetik. Und die ästhetische Bildung in Verbindung mit dem Spiel findet sich deutlich bei Friedrich Schiller und seiner ästhetischen Erziehung des Menschen.
Friedrich Schillers *Über die ästhetische Erziehung des Menschen* hob besonders die Wichtigkeit des Spielens für den Mensch in einer sich zunehmend mechanisierenden Lebenswelt hervor. Denn gerade im Spiel kann der Mensch sich ganzheitlich entwickeln und so der drohenden Einseitigkeit – durch die voranschreitende Spezialisierung innerhalb der Gesellschaft im Allgemeinen und der Arbeit im Besonderen – seines Wesen entkommen. Die zunehmende Differenzierung in der modernen Gesellschaft, die sich besonders durch die zunehmende Arbeitsteilung ausdrückt, fordert den Menschen nicht mehr mit und in seinem ganzen Wesen, sondern lässt ihn in einer Einseitigkeit zurück. Das ganze im Menschen befindliche Potential kann sich in der modernen Gesellschaft nicht mehr entfalten, so dass der Mensch sich

nicht seiner Anlagen entsprechend entwickeln kann. Daran anschließend dient das Spiel Schiller zur Verwirklichung des ganzen menschlichen Wesens; es hat bei ihm eine wesensbildende Bedeutung. Denn durch das Spiel kann der Mensch seine ausschließliche Funktionsträgerschaft und die damit einhergehende Einseitigkeit überwinden. Gerade eine einseitige Verstandesorientierung innerhalb der Aufklärung hat einen solchen Prozess angestoßen. Denn die Aufklärung hat das Hand-in-Hand-gehen von Herz und Verstand außer Acht gelassen und nur die rationale, nicht aber die empfindungsbezogene Verfassung in den Blick genommen. Hier dient Schiller das Feld der Kunst als jener Ort, an dem sich ein authentischer, ganzer Mensch aus*bilden* kann.

Die Kunst soll Anschauungsmaterial bieten für das, was als Potential im Mensch selbst angelegt ist. Und die Betrachtung solcher Kunst regt diese im Menschen angelegten Möglichkeiten an. Im Zusammenspiel von Sinnlichkeit und Vernunft, im freien Spiel beider kann sich dieses ganze Wesen dann verwirklichen. Das Spiel nimmt hier wieder den Aspekt der Freiheit an. Das spielerisch-harmonische Verhältnis von Verstand und Sinnlichkeit soll die im Menschen angelegte Natur zum Vorschein bringen. Der im Menschen angelegte Spieltrieb lässt in seiner Verwirklichung – d.h. im zwanglosen und zweckfreien Spiel – den Menschen das in ihm angelegte Potential erblicken. Für Schiller ist der (neue) Künstler ein solcher sich realisierender idealer Mensch, da er spielerisch, d.h. im Spiel, die Schönheit hervorbringt. „Die Schönheit verkörpert in ihrer Form als 'lebende Gestalt' die geistesdurchdrungene Vitalität des Menschen und wird damit zum Ausdruck des realisierten Menschheitsideals."[5] Der Mensch soll mit der Schönheit spielen, um sich auf ästhetische Weise zu realisieren. Und so kommt Schillers viel zitierte Aussage zur Geltung: „Denn, um es endlich auf einmal herauszusagen, der Mensch spielt nur, wo er in voller Bedeutung des Worts Mensch ist, und er ist nur da ganz Mensch, wo er spielt."[6]

Übrigens wird von Nietzsche die ganze Philosophie als Spiel begriffen, was meint, dass sie zunächst unernst und spielerisch betrieben wird bzw. werden sollte; also genau entgegen der üblichen akademisch-professoralen Ernsthaftigkeit, die er auch mit einer gewissen Engstirnigkeit gleichsetzt. So schreibt Nietzsche in *Ecce homo*: „Ich kenne keine andre Art, mit grossen Aufgaben zu verkehren als das Spiel."[6]

Einen jüngeren Blick auf den Begriff des Spiels und den Menschen als Spieler findet man bei Vilém Flusser. Der homo ludens ist der sich durch das Spiel und spielerisches Handeln entwickelnde Mensch. Wichtig in diesem Zusammenhang ist, dass das Spielerische sich frei (nach wenig Regeln) entfalten kann. Dieser homo ludens steht daher für freies, ohne Zwänge behaftetes Handeln, aus dem dann Kreativität und Neues erwachsen kann. Der Medienphilosoph Vilém Flusser sieht im homo ludens den neuen Menschen seiner entworfenen telematischen Gesellschaft. Der Mensch wird in dieser frei handeln, kommunizieren und dialogisieren können und spielerisch mit anderen Menschen Möglichkeitsentwürfe entwickeln und diese spielerisch in Wirklichkeit sich verwirklichen lassen. In der von Flusser entworfenen telematischen Gesellschaft wird der Mensch zu einem Spieler mit bereits vorhandenen Informationen. Dieses Spiel hat die Absicht, neue Informationen durch den wechselseitigen Austausch mit anderen Menschen herzustellen. Der Mensch wird zu einem homo ludens, der darauf abzielt, möglichst viele neue Informationen zu synthetisieren, um diese dann weiterzuleiten, damit sie wiederum von weiteren Mitspielern aufgenommen und verändert werden können.

Dieses Würfelspiel unterscheidet sich wesentlich in einem Aspekt gegenüber dem Würfelspiel der Natur.[7] Denn auch die Natur würfelt mit dem Fundus der physikalischen Gesetzmäßigkeiten und entwirft zufällig, die uns bekannte Welt und den Menschen. Die natürliche Welt, die wir vorfinden, ist nicht die eine ausschließlich mögliche Welt, eine wunderbare Schöpfung, sondern sie hat sich aus einer begrenzten

Anzahl von Möglichkeiten zufällig entwickelt. Die Natur „würfelt" und bringt so zufällig das natürlich Vorzufindende hervor. Das ist übrigens genau das gegenteilige Bild, das Albert Einstein vertrat; und er drückte sein Unbehagen über die Konsequenzen der Quantentheorie mit dem oft zitierten Ausspruch aus: „Gott würfelt nicht."

Das Würfelspiel in der telematischen Gesellschaft hingegen ist anders. Es erfolgt mit Absicht nach der Methode des Dialogs, während die Natur zufällig würfelt. Und Dialoge sind für Flusser gelenkte Würfelspiele. Und das ist für Flusser ein zentraler Aspekt, der sich in der neuen Gesellschaft umsetzen muss.

„Das wichtige bei einer derartigen dialogischen Umschaltung der Gesellschaft, bei diesem dialogischen Leben (Buber), ist der Spielcharakter."[8]

Ziel dieses Spiels ist es übrigens nach Flusser, an möglichst vielen Kommunikationen beteiligt zu sein und neue Informationen zu generieren. Denn zum einen besteht unser Ich im Sinne Flussers aus einer Verdichtung von Kommunikationsfäden, die uns durchlaufen. Das heißt Flusser folgt nicht mehr der alten Vorstellung einer Ich-Konstitution, die das Ich als einen monolitischen Block fasst, sondern versteht das Ich als einen Knoten aus Kommunikation, der sich durch die von uns gemachten Kommunikationen gebildet hat. Zum anderen sind wir von Beginn an in eine sinnlose Welt geworfen und haben die Kommunikation erfunden, um dieser existentiellen Einsamkeit und der Angst vor dem Tod zu entkommen. Wir transzendieren uns durch die Kommunikationen an denen wir teilnehmen und die wir mitgestalten. Das ist die Aussicht, die Flusser in einer zukünftigen telematischen Gesellschaft und dem darin befindlichen neuen Menschen aufwirft:[9] Die Dinge lösen sich zunehmend auf und wandern ins elektromagnetische Feld der Informationen, die von Apparaten bzw. Computern gespeichert und von dort abgerufen, kombiniert und versendet werden können. Und der neue Mensch spielt mit diesen elektronischen Apparaten und berauscht sich an ihnen. Seine Hände wird der Mensch nicht oder kaum noch nutzen müssen, denn er muss nicht mehr mit Materie umgehen und diese formen, sondern mit Informationen, die zu neuen Informationen synthetisiert werden. Informationen werden zu Spiel- und Springbällen, die hin und her tanzen, springen und ihre undingliche Form verändern mit jedem neuen Impuls (den man als Dialog verstehen muss) eines anderen Menschen. Daher wird der Mensch nicht mehr seine Hände in Gänze, sondern nur noch seine Finger benutzen,

> „um mit Symbolen zu spielen und um audiovisuelle Informationen aus Apparaten abzurufen. Der fingernde handlose Mensch der Zukunft wird nicht handeln, sondern tasten."[10]

Und so kommt Flusser zu dem Schluss: „Nicht Arbeiter, Homo faber, sondern Spieler mit Formen, Homo ludens, ist der Mensch der undinglichen Zukunft."[11] Und dieses Spiel mit Formen wird die eigentliche Tätigkeit sein. Aus ihr erwachsen neue, in Wirklichkeit geronnene Möglichkeitsspielräume, die von den Menschen wiederum neu entdeckt und erfahren werden können. Ein Beispiel hierfür sind die virtuellen Welten, die man bereits heute bereisen und in denen man sich aufhalten und bewegen kann.

In zusammenfassender Sicht diente nun das Spiel im Verlauf der Moderne als Sinnbild der (Zweck-) Freiheit und Ungebundenheit des Menschen und steht dadurch der strengen und mitunter eingrenzenden Struktur des Verstandes gegenüber. Die materielle Ausformung eines strengen Rationalismus hat zu einer eng verzahnten und ausdifferenzierten Arbeitswelt und Gesellschaft geführt. Diese Entwicklung allerdings verlief auf Kosten der im Menschen angelegten ganzen Potentialität. Und so kann der Mensch nur als Spieler bzw. im Spiel das in ihm angelegte Potential verwirklichen. Das Spiel und das Spielerische stehen hier für einen kreativen Schaffensprozess, der sich in ihnen vollziehen kann und der gerade das Grenz- und Gewöhnlichkeitsüberschreitende benötigt, um sich stark entfalten und Neues schöpfen zu können.

Anmerkungen

[1] Vgl. Neuenfeld, Jörg (2005): Alles ist Spiel. S. 12
[2] Vgl. ebd. S. 18
[3] Ebd. S. 19
[4] Ebd. S. 43
[5] Schiller, Friedrich (1995): Über die ästhetische Erziehung des Menschen. S. 63
[6] Nietzsche,Friedrich (1908): Ecce homo Unter: http://gutenberg.spiegel.de/?id=5&xid=1939&kapitel=1
[7] Vgl. Flusser, Vilém (1999): Ins Universum der technischen Bilder. S. 98
[8] Ebd. S. 102
[9] Vgl. Bidlo, Oliver (2008). Vilém Flusser. S. 126 ff.
[10] Flusser, Vilém (2002): Medienkultur. S. 188
[11] Ebd. S. 188

Theater und Therapie

Der vorliegende Beitrag möchte einige grundlegende Aspekte des Verhältnisses von Theater und Therapie beleuchten und ausgewählte Methoden und Anwendungsformen darstellen. Dabei versteht es sich von selbst, dass dies in dem gebotenen Umfang nur in eingeschränktem Maße erfolgen kann. Das Verhältnis von Theater und Therapie findet eine Vielzahl von Anknüpfungspunkten. Theaterspielen ist immer auch eine intensive Körperarbeit, in der die Stimme, die Körperhaltung, Gestik und Mimik, dergestalt der gesamte Körperausdruck, Teil des Darstellens sind. Dies allein hat zwar noch keine zwangsläufig therapeutische Wirkung, deutet aber bereits an, welche Möglichkeiten in der Verknüpfung von Theater und Therapie zu finden sind. Die Bühne als Ort des Ausdrucks dient nicht nur der Simulation der Alltagsbühne, sondern kann als reflexiver Handlungs- und Kommunikationsraum begriffen werden, der es ermöglicht, den eigenen und fremden Ausdruck reflexiv und unmittelbar zu erfahren. Jenen Ansätzen, wie z.B. des Psychodramas, der Theatertherapie etc., ist gemeinsam, dass sie auf Kommunikation und Interaktion abzielen. Therapie durch Theater ist in erster Linie Kommunikationstherapie. Kommunikation wird hier in einem weiten Sinne verstanden. Dazu zählt nicht nur verbale, sondern auch nonverbale Kommunikation, Gestik, Mimik, Körperhaltung, Ausdruck oder der Stimmausdruck. Das Besondere am Theaterraum ist die Möglichkeit zur Probe und Reflexion, aber auch der Spiegelung der eigenen Person durch einen anderen Mitspieler. Erst durch das sich so In-Distanz-zu-sich-selbst-setzen werden Handlungsabläufe, Ausdruck und eine dadurch hervorgerufene Fremdwahrnehmung im Gegensatz zur Selbstwahrnehmung in Gang gesetzt, Gefühle und Gedanken zu einer Situation erkundbar.

So lassen sich Handlungs- und Interaktionsblockaden selbst entdecken und durch die Einübung geeigneter Handlungsabläufe aufweichen oder sogar gänzlich auflösen. Theater kann dergestalt einmal

Persönlichkeitsarbeit sein, d.h. Arbeit an Persönlichkeitsstörungen. Ein weiterer wichtige Aspekt ist natürlich die Interaktion und die Bezugnahme zu anderen. Die Rede ist hier von Gruppenarbeit und dem Erwerb gerade von sozialen Kompetenzen. Bevor dieser Aspekt genauer beschaut werden soll, blicken wir kurz auf den Begriff der „Therapie".

Bisher ist gerade der Begriff der „Therapie" unbestimmt geblieben. Was genau ist eine Therapie? Ist jedes theaterpädagogisches Wirken bereits ein therapeutisches Wirken? Die Therapie, verstanden als Maßnahmenkatalog für die Behandlung von Krankheiten oder pathologischen (psychischen oder physischen) Zuständen, dient der Wiederherstellung der entsprechenden psychischen oder körperlichen Funktion. Übernimmt man dieses Verständnis auch für den Bereich des Theaterspiels, so wird deutlich, dass allein Kunst- und Kulturvermittlung noch keinen therapeutischen Anspruch haben können. Das alleinige Wachsen lassen des Selbst und die Aufarbeitung z.B. eigener biographischer Aspekte durch Theaterarbeit oder die Persönlichkeitsarbeit stellen noch kein therapeutisches Wirken dar, auch wenn sie ggf. eine therapeutische Wirkung haben können. Die Arbeit am und mit dem Menschen allein, die Stärkung seines Selbst und die z.B. Verbesserung seines Darstellungs- bzw. Ausdrucksvermögens sind in diesem engen Verständnis noch keine Therapiearbeit. Erst wenn diese eingebunden sind im Rahmen einer Arbeit gegen ein zuvor diagnostiziertes deviantes, pathologisches, also abweichendes Verhalten, wird diese Arbeit am Menschen zu einer Therapie. Der Therapie geht also das Pathologische, die wesentliche Abweichung von der Norm, voraus. Dieses wiederum muss zunächst (z.B. medizinisch oder sozial) diagnostiziert werden. Die Diagnose kann eine individuelle sein, wenn es sich um eine dem Individuum inhärente Abweichung handelt oder um eine kollektive, wenn es um größere soziale Strukturen geht, z.B. um gesellschaftliche Unterdrückung oder ideologische Vorgaben. Aber schon hier wird der Unterschied zu einer rein medizinischen Sichtweise deutlich. Mit Theater als Therapie werden die sozialen und intersubjektiven Bezüge einer Krankheit z.B. einer Drogensucht behandelt. Selbstverständlich werden dort nicht unmittelbar biologische Vorgänge beeinflusst und therapiert (z.B. durch Gabe von Austauschstoffen), sondern die Krankheit auch und gerade als ein Ergebnis sozialen Handelns gesehen. Drogensucht ist dergestalt auch Produkt der sozialen Umwelt. Dies bedeutet keine Befreiung von individueller Verantwortung – der Begriff der Schuld ist in diesem Zusammenhang schwierig –, aber um eine therapeutische Wirkung erzielen zu können, müssen die sozialen Bezüge verdeutlicht werden. So muss man sich z.B. darüber bewusst sein, dass die biologische und psychische Abhängigkeit von einem bestimmten Stoff und die damit einhergehende negative Zuschreibung als Sucht eine gesellschaftliche Etikettierung ist. Das abweichende Verhalten ist ein Abweichen von einer spezifischen, gesellschaftlich vorgegebenen Norm. In anderen Gesellschaften wird dies z.B. nicht als abweichendes Verhalten erachtet; man denke hier beispielsweise an das Kauen von Coca-Blättern (leicht kokainhaltig), das in der Anden-Region seit Jahrhunderten weit verbreitet ist. Oder das Qat-Kauen in arabischen Ländern. Qat wird als südarabische Volksdroge (narkotisierende Wirkung) z.B. von 90% aller jemenitischen Männer gekaut (mit unübersehbaren volkswirtschaftlichen Schäden). Worum es in unserem Zusammenhang geht, ist die gesellschaftliche Zuschreibung dieses Verhaltens als gut oder geduldet oder als abweichend und strafrechtlich verfolgenswert. Wie sich eine solche Etikettierung übrigens prozesshaft und *diskursiv* vollzieht, lässt sich in den letzten Jahren in Europa und Amerika am Beispiel des Rauchens beobachten. Während dies vor 15 Jahren noch weitgehend überall toleriert und akzeptiert wurde, beginnt man heute mehr und mehr (z.B. durch die Einrichtung von Raucherräumen), dies als ein abweichendes Verhalten zu etikettieren. Und nicht zufällig trägt Lucky Luke heute einen Grashalm anstelle einer Zigarette in seinem Mundwinkel.

Ein anderes Beispiel, welches dem Feld des Theaters näher liegt, betrifft die unterschiedlichen Trauertraditionen, die sich in verschiedenen Kulturen entwickelt haben. Während in Mitteleuropa zumeist ein leises, unterdrückendes Trauern üblich ist, finden sich in z.B. arabischen Ländern „Klageweiber", die die Trauer expressiv artikulieren, ihr eine Stimme geben. Auch das Klatschen bei südeuropäischen Trauerfeiern, findet sich in Mitteleuropa nicht. Hier bietet der Theaterraum die Möglichkeit, in diese unterschiedlichen Rollenmuster zu schlüpfen, um z.B. seiner verdrängten Trauer eine expressive Stimme zu geben, sie nach außen zu bringen. Der Begriff der Therapie ist nun schwer aus den Kontexten Krankheit, Behandlung oder Störung – also einem dezidiert medizinischen Kontext – zu lösen. So umgibt sich z.B. auch die Psychotherapie verständlicher Weise immer noch gerne mit der Aura des Medizinischen.
Eine scharfe Trenn- oder Verbindungslinie zwischen Therapie (im herkömmlichen Sinne), Theatertherapie und anderen Theaterarbeitsformen ist daher nur schwerlich zu ziehen. In diesem Zusammenhang formuliert Lilli Neumann:

> „Oft wird schon dann von Therapie gesprochen, wenn man keine kunstpädagogische Arbeit macht, also keine Kultur- und Kunstvermittlung im engeren Sinne betreibt, was den Therapiebegriff sicherlich überstrapaziert. Oft wird mit Rekurs auf die Vermittlung des Kunstaspektes in der Theaterpädagogik abgehoben und darin die zentrale Abgrenzung zur Theatertherapie gesehen. [...] In der Theatertherapie wird, das ist richtig, der künstlerische Ausdruck primär zum Möglichkeitsraum der existentiellen Reflexion" (Neumann, Lilli: Einleitung Theater und Therapie. In: dieselbe u.a., 2002, S. 17).

Ganz wie in der Psychotherapie spielt in der Theatertherapie, dies sei wiederholt erwähnt, die verbale und nonverbale Kommunikation zwischen Therapeut und Patient eine zentrale Rolle. Sie ist integraler Bestandteil dieser Beziehung. Und innerhalb der Theatertherapie wird die Kommunikation und die (körperliche) Ausdrucksfähigkeit zu der Arbeitsmethode schlechthin.

Aber das Theater bzw. das angeleitete Theaterspiel hat häufig eine weitere, seltsame Wirkung. Denn oft ist der Theaterraum nicht nur ein Übungsraum, sondern ruft gleichsam mehr Authentizität des Spielers oder der Spielerin hervor als die tägliche Bewegung durch die Alltagsbühnen des Lebens. Ohne an dieser Stelle den Begriff der Authentizität ausführen zu wollen (vgl. hierzu Thepakos Nr. 6) sei betont, dass Authentizität hier u.a. verstanden wird als Rückgebundenheit des Ich an den Körper und seinen Ausdruck. Geht man den Gedanken mit, dass sich das Ich zwar durch die Interaktion mit Anderen und damit durch die Gesellschaft konstituiert, aber dennoch eine spezifische Eigenartigkeit und gewisse Konstanz je Person besitzt, die durch ein Maß an Kreativität ein Schöpfungspotential für neues besitzt (vgl. die Identitätskonstitution bei Mead), wird deutlich:

Eine zu starke Einbindung an und in unterschiedliche Rollen des Alltags kann dazu führen, dass der authentische Ausdruck stärker überlagert wird durch Rollen- und Verhaltenserwartungen (Eigen- und Fremderwartung) als auf der Theaterbühne. Das kann dann zur Folge haben, dass die eigentliche Bühne, die Theaterbühne, den authentischen Ausdruck einer Person bzw. eines Akteurs erst hervorholt, indem er ihn von gewissen Alltags- und dort vorhandenen Rollenzwängen befreit. Die Theaterbühne und das Theaterspiel dienen dann nachgerade als Möglichkeit zur Befreiung von inneren „Polizisten", wie es Augusto Boal und sein „Theater der Unterdrückten" als Methodenreihe einmal ausdrückten.

Dort wird Darstellung, Selbsterfahrung und ein aktivierendes Probehandeln ausgelotet. Dadurch sucht es nach Möglichkeiten, die im Alltag ausgeblendeten und vergessenen sozialen und kommunikativen Fähigkeiten wieder hervorzuholen und in den Alltag rückzuübersetzen. Zentrale Momente sind die Loslösung von Alltagszwängen, die Reflexion, d.h. Einsicht in das eigene Verhalten, das im Alltag zu oft durch Handlungsroutinen bestimmt ist, und Fragen nach der Legitimation gesellschaftlicher Abläufe und Spielregeln. Durch die spielerische und ästhetische Auseinandersetzung mit Themen, Situationen und Menschen soll dies geleistet werden. Dieses Spiel entwickelt sich vorrangig durch die Interaktion aller Teilnehmenden untereinander und mit dem Regisseur bzw. Übungsleiter. So ist eine schrittweise Hinführung zu gewissen „Polizisten" im Kopf, Zwängen und unsichtbaren Verpflichtungen und die Auseinandersetzung mit diesen sichergestellt. Ein solches Theaterspiel ist dergestalt nicht nur auf eine Interpretation der Realität, sondern auf Veränderung der Wirklichkeit aus.

George Herbert Mead hat mit seiner Analyse der Strukturen des Selbst und die dort zu findenden gesellschaftlichen Prozesse, die dort ihren Niederschlag finden, wichtige Impulse für den soziologischen Rollenbegriff gegeben. Später war es dann Ervin Goffman, der mit seinem Buch „Wir alle spielen Theater" Aspekte und Begriffe des Theaterspiels z.B. den der Bühne, des Ensembles oder des Schauspielers – insbesondere aber den Begriff der „Rolle" – für den Bereich des alltäglichen Handelns fruchtbar gemacht hat und diese über die Interaktion als Ausdrucksvermögen des eigenen Selbst nutzbar macht. Für die Aspekte der Gruppenpsychotherapie und des Psychodramas ist Jacob L. Moreno zu nennen, der über anfängliche Stegreifspiele mit Kindergruppen, Diskussionsgruppen mit Prostituierten und Studien in einem Flüchtlingslager zu ersten praktischen Erfahrungen und Beobachtungsdaten kam und u.a. daraus den Ansatz der Gruppenpsychotherapie entwickelte (vgl. Moreno 2008, S. 9). Bereits das Stegreiftheater kann als eine Vorform des Psychodramas begriffen werden, dem Moreno bereits eine heilende Funktion zusprach. Aber seinem Anspruch an ein therapeutisches Verfahren wurde es noch nicht gerecht. Ein wichtiger Punkt ist dort die Überwindung der Passivität der Zuschauer ohne die Möglichkeit einer aktiven Beteiligung am Theatergeschehen. Das Stegreiftheater sollte eine auf Spontaneität aufgebaute Theaterform sein, die mit den bisher dominierenden Spielformen in Richtung einer lebendigen Form brach. Im Stegreiftheater wird der gesamte Raum zur Bühne, auf der sich der *Zuschauspieler* aktiv, kreativ und spontan handelnd einlassen und ausdrücken kann. „Dadurch, daß im Stegreiftheater jeder Teilnehmer als potentieller Schauspieler in den Handlungsverlauf des Stückes eingreifen kann, findet auf der Bühne keine Selbstspiegelung einer vorgegebenen Theaterstruktur statt, sondern die Bühne ist abhängig von der Aktivität und Kreativität der ‚Zuschauspieler' und wird zum Spiegel dessen, was im Publikum an Problemen, Konflikten etc. vorherrscht. Die Bühne wird zum Ort, an dem der einzelne sich ausprobieren kann. Sie wird zu einem Ort, wo die Personen ständig improvisieren und die Ordnung ständig neu definieren müssen" (Feldhendler 1992, S. 17-18).

Ein wichtiger Entwicklungsschritt innerhalb der Gruppenpsychotherapie war das Psychodrama. Beide fasst Moreno prägnant zusammen: „Die Grundlage der Gruppenpsychotherapie ist die Lehre der therapeutischen Interaktion. Die Grundlage des Psychodramas ist das Prinzip der schöpferischen Spontaneität, die ungehinderte Teilnahme aller Mitglieder der Gruppe an der dramatischen Produktion und die Handlungskatharsis" (Moreno 2008, S. 18).

Einen wesentlichen Unterschied des Psychodramas oder gruppentherapeutischen Ansätzen zu (körperbezogenen) Psychotherapien markiert die in der Praxis nicht immer mögliche scharfe und unmittelbare Trennung bzw. die Arbeit innerhalb eines größeren sozialen Raumes und sozialen Situationen oder das Eingebettetsein in Handlungsabläufe und -vollzüge anderer. Während die Psychotherapie die Arbeit mit dem Einzelnen, durch ihn und mit ihm ist, lassen sich bei Gruppenarbeiten eben besonders die sozialen und damit verstärkt die kommunikativen Bezüge zwischen den Teilnehmenden hervorheben.

Diese wiederum wirken in der wechselseitigen Interaktion auch auf das je eigene Selbst. Damit ist es Arbeit am Selbst über den Weg der Gruppe bzw. des Anderen. Hier wiederum zeigt sich auch die – zugespitzt formuliert – je andere Sicht auf die Konstitution des Selbst und die Identität. Versteht man die Identität als wesentlich etwas im Ich Vorhandenes, das dort verankert ist und sich von dort aus entfaltet, ist die Arbeit am Selbst eine andere, als wenn man das Ich als eine Verknotung von Kommunikationen ansieht, als ein Ergebnis sozialer Prozesse, die erst eine Identität in einem Menschen entstehen lässt. Anders ausgedrückt ist bei Letzterem der Prozess von *außen-nach innen-nach-außen* gerichtet, während er bei Erstgenanntem von *innen-nach-außen-nach-innen* gerichtet ist.
Ist nun die Identität zunächst ein Produkt sozialer Interaktion und wird dann später durch innerpsychische Prozesse zu einer originären Identität, wird deutlich, wie und warum gerade gruppen- und interaktionsspezifische Ansätze mit einer Arbeit bzw. Auseinandersetzung über die/mit Anderen das eigene Selbst erreichen und ggf. pathologische Handlungsweisen selbst erkennen und ändern kann. Morenos umfassender Ansatz folgt einem Menschenbild, nach dem Mensch eingelassen ist in die Welt, d.h. bezüglich und daher ein soziales Wesen ist. Als solches ist er – ausgestattet mit schöpferischem Potential – nicht nur verantwortlich für sein eigenes Handeln, sondern auch als Teil einer Gruppe verantwortlich für den Anderen. Aus dieser Sicht der Bezüglichkeit des Menschen bei Moreno erwächst dann seine Folgerung, dass es eine Verbindung zwischen der Verfassung des Einzelnen und der Verfassung der Gruppe oder der sozialen Einheit, in der sich der Einzelne bewegt, gibt. Ein wichtiger Aspekt ist die Handlung, die dem Leben Bewegung und Entfaltung verleiht. Haben sich in Auseinandersetzung mit der sozialen Umwelt einschränkende und fesselnde Handlungsabläufe etabliert, führt dies zu psychischen Krankheiten. Diese negativen Aktome, also einzelne Handlungs- und

darauf gründende Beziehungsmuster, gilt es zu identifizieren und über das Rollenspiel zu beheben.
Das aktive, lebendige Tun ist Gegenstand dieser Methode mit dem Ziel, negative Rollenmuster zu identifizieren, aufzubrechen und zu verändern. Da dieses zumeist in Gruppenarbeit gemacht wird, ist auch die Wirkung eine doppelte. Der Einzelne, der eingebunden in eine Gruppe ist, verändert durch das Psychodrama nicht nur sich selbst, sondern auch zugleich im Wechselspiel die Gruppe. Die einzelne Person kann nicht getrennt von ihrem sozialen Umfeld und ihren sozialen Beziehungen betrachtet werden. Hier zeigt sich bereits eine sprachliche Schwierigkeit. Denn der Einzelne ist nicht einzeln, wenn er in eine Gruppe eingebunden ist. Der Einzelne ist solcherart nur eine Abstraktion in unserer Vorstellung. Dergestalt wirkt das Psychodrama nicht nur intrapersonal, sondern vor allem interpersonal. So können kommunikative und soziale Fähigkeiten geschult, die Reflexionsfähigkeit gestärkt und die Beziehungsfähigkeit verbessert werden. Dies wirkt nicht nur auf den Einzelnen, sondern auf alle, die mit dieser Person in Beziehung stehen, mit ihr verbunden sind. In solcher Form des szenischen Arbeitens (oder auch szenischen Darstellens, wie man z.B. die Arbeit mit Kindern und Jugendlichen bezeichnet, wenn es nicht zwingend und unmittelbar um therapeutische Aspekte geht) ist dann bei Moreno die Sprache von der „Soziometrie" und in einem weiteren übergeordneten Kontext vom „Soziodrama". Während das Psychodrama sich auf die individuelle Dynamik konzentriert, untersucht die Soziometrie als Methode die unmittelbaren zwischenmenschlichen Beziehungen. Und das Soziodrama beschaut und thematisiert als eine Handlungsmethode den (meist konfliktreichen) Umgang zwischen Gruppen oder Kollektiven.
Allein schon der Perspektivenwechsel durch die Übernahme unterschiedlicher (auch und gerade fremder) Rollen befördert die Erweiterung der eigenen Handlungsfähigkeit, aber auch das Verständnis für bisher unverstandene gesellschaftliche Abläufe. Zugleich bietet es

die Chance zur kritischen Auseinandersetzung mit diesen Rollen und ihren je eigenen Wirkmechanismen. Um es noch einmal pointiert zu formulieren: Bei Theaterarbeit wie auch der Theatertherapie ist der Begriff der Gemeinschaft oder der Gruppe immer schon mitgedacht. Der Einzelne ist eine Abstraktion insoweit, dass jede Arbeit mit und am Einzelnen unabdingbar auch (mittelbar oder unmittelbar) Arbeit an und mit der Gruppe bzw. einem Gegenüber ist. Denn jeder Einzelne steht in einer Vielzahl von Beziehungen, die auf ihn wirken und auf die er wirkt. Im Rahmen jeder Tätigkeit sozialer oder sozialpädagogischer Arbeit ist deutlich, dass der Klient als in seinen sozialen Kontext eingebettet gesehen werden muss. Und so muss auch jede Theatertherapie (z.B. bei Arbeiten mit Drogenabhängigen) den sozialen Kontext und die unterschiedlichen Rollen und Rollenerwartungen mitdenken. Augenscheinlich finden sich nun mögliche praktische wechselseitige Bezüge zwischen Morenos Psychodrama und Augusto Boals Theater der Unterdrückten. Ohne an dieser Stelle ausführlicher auf Anknüpfungspunkte zwischen beiden Ansätzen einzugehen (vgl. ausführlich Feldhendler 1992), sei als ein Stichwort Boals „Forumtheater" genannt, das als eine Form des Soziodramas verstanden werden kann (vgl. Feldhendler 1992, S. 99).

Fasst man die zentralen Punkte des bisher Gesagten zusammen, lässt sich hervorheben: Ein therapeutisches Einsetzen des Theaters muss den Menschen eingebettet in seinen sozialen und kommunikativen Bezügen erfassen. Dies schließt eine Einzelarbeit mit dem „Patienten" nicht aus, als Folie bietet sich allerdings ein gruppenbezogenes Arbeiten an. Denn auch die Auseinandersetzung *mit* und die Arbeit *an* der Persönlichkeit des Einzelnen lässt sich darüber bewerkstelligen. Als eine Grundannahme lässt sich die symbolische Distanzierung „zur persönlichen Problematik durch die mediale, sprich künstlerische Arbeit im Therapeutischen Theater als heilenden Faktor" (Neumann 2002, S. 323) konstatieren. Die Übernahme anderer Rollen, und damit anderer Perspektiven, das Ausprobieren anderer Handlungsoptionen

im geschützten Raum des Theaters bzw. der Theaterbühne können vorhandene Handlungsmuster aufbrechen und neue heilende Handlungsmuster etablieren.
An dieser Stelle wird das Ende des Beitrages ein neuer Anfang. Denn drei Aspekte, die hier nur genannt und nicht weiter ausgeführt werden können, aber ggf. heuristischen Wert haben, sind in der praktischen Arbeit zu beschauen, zu thematisieren und zu hinterfragen: Welche Rolle kommt in diesem Prozess und Vorgang dem Theatertherapeuten zu?
Wie lassen sich die Übertragung und die Etablierung solcher oben angesprochener neuen Handlungsweisen von der Theaterbühne in den Alltag des Betroffenen sicherstellen?
Und gibt es Persönlichkeitsstrukturen, die für ein theatertherapeutisches Arbeiten besonders zugänglich sind? Oder negativ formuliert: Gibt es Betroffene und Persönlichkeitsstrukturen, bei denen ein theatertherapeutisches Wirken nicht angezeigt oder nur schwer umsetzbar ist?

Literatur

Feldhendler, Daniel (1992): Psychodrama und Theater der Unterdrückten. Wielfried Nold Verlag, Frankfurt/Main.

Goffman, Erving (2001): Wir alle spielen Theater. Die Selbstdarstellung im Alltag. Piper Verlag, München, Zürich.

Mead, George Herbert (1968): Geist, Identität und Gesellschaft. Suhrkamp Verlag, Frankfurt/Main.

Moreno, Jacob L. (2008): Gruppenpsychotherapie und Psychodrama. Einleitung in die Theorie und Praxis. Georg Thieme Verlag, Stuttgart.

Müller-Weith, Doris, Neumann, Lilli u.a. (Hrsg., 2002): Theater Therapie. Ein Handbuch. Junfermann Verlag, Paderborn.

Die Wanderbühne – Eine Kurzdarstellung

Die Wanderbühne, von der wir hier sprechen werden, hat viele verschiedene Namen. In erster Linie geht es um die deutsche Wanderbühne, die sich besonders ab dem 17. Jahrhundert nach dem Vorbild der italienischen und englischen Wanderschauspieler entwickelte und dem Volk allerlei Unterhaltung bot. Andere Namen für die Wanderbühne sind derweil auch Wandertheater, Wanderkomödianten, Komödiantenbuden oder später im 19. bzw. 20. Jahrhundert dann das Tourneetheater, das zwar eine andere Funktion innehat, aber dennoch als ein Nachfahre der Wanderbühne verstanden werden kann. All diesen Formen gemeinsam ist der Umstand, dass sie aus professionellen Schauspielern bestanden und keine festen Spielstätten hatten.

Die deutsche Wanderbühne entwickelte sich aus den englischen Wandertruppen, die zum Ende des 16. Jahrhunderts nach Deutschland kamen – die erste Gruppe waren *die Lord Leicester's Men* –, zunächst in ihrer Muttersprache spielten, aber dann relativ schnell auch in deutscher Sprache ihre Aufführungen darboten. Zudem nahmen sie nach und nach deutsche Schauspieler, Artisten oder Tänzer in ihre Ensembles auf, die dort durch das professionelle englische Schauspiel geschult wurden. Der Einfluss der englischen, italienischen und französischen Wandertruppen führte auch zu der besonderen Darstellungsform der Wanderbühne, die von einer „Körperhaftigkeit" geprägt war und davon lebte. Denn bevor Stücke in deutscher Sprache aufgeführt wurden, waren die Auftritte für das Publikum – ob der fremden Sprache – nicht oder nur bedingt über das Wort zu verstehen. Daher wurde ein großer Wert auf den Körper, Körperausdruck und die Körperdarstellung gelegt. Aufführungen waren immer auch „physisch", akrobatisch und tänzerisch untermalt. Aber nicht nur Akrobaten, sondern eben auch die Schauspieler spielten ihre Rolle betont physisch. Und auch als sich eine deutschsprachige Wanderbühne entwickelte, blieb dieser Umstand so erhalten. Fischer-Lichte sieht den Körper in diesem Zusammenhang als zentralen Bedeutungsträger:

> „Hier avancierte der geschulte, durchtrainierte und kunstvoll eingesetzte menschliche Körper zum dominanten Bedeutungsträger. Der Körper trat in gewisser Weise an die Stelle des Wortes." Und mit dieser Körperbeherrschung „transformierten die Schauspieler [...] die sinnliche Natur des Körpers in ein System von Zeichen, in eine allen verständliche Sprache. Die kulturgeschichtliche Bedeutung der Wanderbühne scheint in diesem Zusammenhang ihren Ursprung und ihre Begründung zu finden" (Fischer-Lichte 1993, S. 73).

Aus diesen Anfängen entwickelten sich dann eigene deutsche Wanderbühnenensembles, die im letzten Drittel des 17. Jahrhunderts begannen, durch Deutschland zu reisen (vgl. Brauneck 1996, S. 335). Mitunter erhielten diese Ensembles auch Anstellungsverträge an Höfen, wo sie dann spielten. Zu ihrer Mitwirkungspflicht gehörte es dort, Feste oder besondere Feiern vorzubereiten und mit schauspielerischen, tänzerischen und musikalischen Inhalten zu unterhalten. Dafür wurden sie von den fürstlichen Herren auch an Verwandte ausgeliehen, um z.B. Taufen oder Hochzeiten spielerisch zu bereichern. Dergestalt war die Wandertruppe mit Schauspielern, aber auch Musikern, Tänzern oder Akrobaten bestückt. Die Wandertruppen bestanden zumeist aus 10-12 Schauspielern, die von einem Prinzipale – einem eigenverantwortlichen Theaterleiter, der zumeist Pächter oder Besitzer war – geleitet wurde. Meist war eine Wandertruppe im Wesentlichen ein Familienunternehmen, das durch andere Schauspieler nach Bedarf erweitert wurde. Der Prinzipale war künstlerischer und unternehmerischer Leiter – häufig auch der beste Schauspieler der Wandertruppe –, der die finanziellen und materiellen (z.B. Kostüme, Requisiten,

Spiellizenzen etc.) Ressourcen zur Verfügung stellte und zudem für die Erweiterung des Ensembles zuständig war.
Darüber hinaus traten die Wanderbühnen auch in anderen Städten auf. Der Prinzipale war es dann, der beim jeweiligen Landesherren bzw. beim Rat der Stadt die gebietsgebundene Spielerlaubnis einholte, ohne die es nicht erlaubt war zu spielen. Der Prinzipale stellte im Rat der Stadt das zu spielende Repertoire vor, das meist aus mythologischen und religiösen Stücken und Adaptionen der Dramen von Shakespeare, Marlowe oder Komödien Moliéres bestand. Diese Adaptionen konnten weitreichende Änderungen des eigentlichen Stoffes beinhalten, so dass ggf. nur noch das Handlungsgerüst eines Stückes übrig blieb.
Der italienische Einfluss auf das Schauspiel der deutschen Wandertruppen war in diesem Zusammenhang wesentlich, besonders das Stegreiftheater, und hier die komische Figur in der Commedia dell' arte, die sich als Gemeinsamkeit betonen lässt. Mitunter wurden auch geschlossene Probevorstellungen im Rat der Stadt gespielt, worauf dieser entschied, ob es eine Spielgenehmigung für öffentliche Auftritte gab oder nicht. „Empfehlungsschreiben ihrer fürstlichen Dienstherren unterstützten solche Anträge in den Städten [...]. Bei den meisten Truppen war die Möglichkeit der Durchführung solcher Tourneen (einschließlich der Ausfertigung eines Schutzbriefes durch den Dienstherren) ein Bestandteil der Verträge, die sie mit Höfen, an die sie sich für einen längeren Zeitraum fest verpflichtet hatten, abschlossen" (Brauneck 1996, S. 336 f.). Trotz mancher Verträge mit einzelnen Höfen stand zu Beginn der Wanderbühne das „Wanderdasein", das Umherziehen von Ort zu Ort mit einem überschaubaren Repertoire an erster Stelle. Der Vorteil dieser Wanderschaft lag deutlich auf der Hand. Man spielte immer wieder dieselben Stücke an verschiedenen Orten und hatte so einen erheblich geringeren Aufwand, als wenn man dauerhaft am Hofe immer wieder Neues vorbereiten und darbieten musste. Umgekehrt wiederum zwang das überschaubare Reper-

toire auch die Weiterwanderung, da „in vielen Fällen das rapide nachlassende und erlahmende Interesse des Publikums, sobald das Repertoire durchgespielt war und die ersten Wiederholungen angeboten wurden“ (Maurer-Schmoock 1982, S. 11), dies erforderlich machte. Diese Wanderungen sollten sich erst im Verlauf des 18. Jahrhunderts reduzieren und in zunehmend immobile Angebote ändern. Die Wandertruppen zogen mit ihren Wagen auf der Suche nach einem adäquaten Spielplatz innerhalb des genehmigten Gebietes von Ort zu Ort. „Traten sie in Städten auf, so mußte beim Magistrat die Auftrittsgenehmigung eingeholt werden. Dieser wies dann dem Ensemble einen Platz zum Agieren an, in der Regel ein Raum im Gasthof, ein Rathaussaal oder auch das örtliche Ballhaus. In einigen Städten wurden nur Plätze zur Errichtung bretterner Hütten zur Verfügung gestellt, die Künstlern wie Zuschauern wenig Komfort boten“ (Puschmann 2000, S. 8). Besonders beliebte Spielzeiten waren die Markt- und Messezeiten in den größeren Städten. Dort war den Wanderbühnen ein ausreichendes Publikum gewiss. Das Geschäft war – wie erwähnt – insoweit einträglich, da man mit einem überschaubaren Aufwand und Repertoire, das sich dann immer wiederholte, bequem und routiniert die Darstellung „herunterspielen“ konnte.

Ökonomisch betrachtet war die Wanderschauspielerei für die professionellen und bekannten Truppen ein einträgliches Geschäft, trotz der unterschiedlichen Kosten, die hierfür anfielen. Die Eintrittspreise wurden vom jeweiligen Rat der Stadt festgelegt, hinzu kamen Raummieten, Abgaben für gewisse städtische Einrichtungen, wie z.B. Hospitäler oder Armenhäuser waren ebenfalls normal. Weiterhin wurde von den Stadträten häufig eine Selbstverpflegung der Wanderspieltruppen ausgeschlossen, so dass diese in Gast- bzw. Wirtshäusern vor Ort speisen und ggf. übernachten mussten. So lief für die Stadt ein beträchtlicher Teil des eingenommenen Geldes der Wanderbühne wieder zurück in den Stadthaushalt. Trotzdem waren die Aufführungen so gut besucht, dass die Einnahmen die Ausgaben bei weitem über-

trafen und das Wanderschauspiel ein einträgliches Geschäft war. So blieb nicht nur Geld für die Ensemblemitglieder übrig, es konnten auch Requisiten oder Kostüme gekauft werden (vgl. Fischer-Lichte 1993, S. 66). Aber es gab auch eine Vielzahl von Wanderbühnen, die mit ihren Rollwagen auf der Suche nach einem Spielort durch die Lande zogen und am Rande des Existenzminimums existierten. Aufgrund der wechselnden Örtlichkeiten war die Bühne bzw. der Bühnenaufbau entsprechend unterschiedlich gestaltet. Meist war es ein Podium „ohne nennenswerte Dekorationen, mit einem Mittelvorhang, der die Spielfläche in zwei Auftrittszonen teilte: in eine neutrale dekorationslose Vorderbühne, die im Zusammenhang des Spiels unterschiedliche Örtlichkeiten darstellen konnte, und in eine Hinterbühne, die innerhalb eines Stücks in der Regel einen bestimmten Ort bedeutete, etwa einen Palast" (Brauneck 1996, S. 338).
Die transportable Bühne einer Wandertruppe musste aufgrund der verschiedenen Umgebungen schnelle und vielfältige Verwandlungsmöglichkeiten bieten. Bis zu Beginn des 18. Jahrhunderts wurden Dekorationen und Bühnenbilder nur vereinzelt genutzt und man behalf sich mit einfachen Vorhängen und Teppichen (vgl. auch Maurer-Schmoock 1982, S. 11). Später dann wurden die Bühnenbilder aufwändiger, was zu Transportproblemen führen konnte, da auf den holprigen Wegen bei den Wanderungen die fragile Fracht nicht zerstört werden durfte.
Vor jeder Aufführung stand die Ankündigung des Stückes. Diese wurde zu Beginn der Wanderbühnenzeit noch durch eine mündliche Ankündigung geleistet. Durch den Umzug der Wandertruppe mit Trommelwirbel machte diese auf sich aufmerksam. Nach und nach wurde die mündliche Ankündigung durch den Theaterzettel – zwar nicht vollständig – verdrängt, aber zumindest erweitert bzw. ergänzt. Auf dem Theaterzettel wurden die Personen des Stückes mit ihren charakteristischen Merkmalen, nicht aber die Namen der Darsteller genannt. Und auch der Autor des Stückes blieb zunächst ungenannt. Es

gab jedoch umfangreiche Erläuterungen zum Titel, eine Inhaltsangabe und – ergänzend – „marktschreierische Hinweise auf die zu erwartenden Dekorationskünste und Feuerwerkseffekte" (Michael 1969, S. 61). Abschließend wurden dann der Preis und der Vorstellungsbeginn genannt.

Soziale und kulturelle Funktion der Wanderbühne

Die fahrenden Schauspieler übernahmen eine wichtige soziale und kulturelle Funktion innerhalb der Gesellschaft. Sie waren zum einen die Nachrichtentransporteure, die – weit herumgekommen – über Geschichten und Ereignisse aus den jeweils bereisten Gebieten erzählen konnten. Zum anderen waren sie durch die Darbietung von Possen und Komödien, die auch höfisches Geschehen thematisierten, Moderatoren dieses Geschehens. Die Handlung in den Stücken der Wanderbühne war geprägt von der Scheinhaftigkeit der Welt. „Die dramatischen Figuren werden stets von Affekten befallen und die Handlung dient weitgehend dazu, den Helden sich gegen sie behaupten zu lassen und die negative Figur als Marionette vorzuführen, die von den Affekten hin- und hergerissen wird" (Fischer-Lichte 1993, S. 72). Die Durchspielung aller menschlichen Affekte stand im Mittelpunkt solcher Darstellungen, wobei wert auf ein glückliches oder tröstliches Ende gelegt wurde. „Die darstellerischen Mittel dienten ausschließlich der Zur-Schau-Stellung der Affekte: von Schrecken, Wut und Wahnsinn, Leidenschaft, Verzweiflung und Angst" (Brauneck 1996, S. 351). Im späten 18. Jahrhundert wandelte sich die Wanderbühne in ihren dargebotenen Inhalten verstärkt von einer zuvorderst affektiv orientierten Unterhaltung hin zu einer mehr und mehr aufklärerischen Darstellung, die Themen der Rationalität, Aufklärung oder sittlich-moralisches Handeln aufnahm und zeigte. Ein Beispiel für die aufklärerische Entwicklung ist die Aufnahme von Schauspielerinnen, die auf den Einfluss italienischer Commedia dell'arte-Gruppen, welche seit dem Ende des 16. Jahrhunderts in Süddeutschland mit ei-

nem gemischten Ensemble auftraten, zurückgeht (zur Geschichte der Frauen in der Wanderbühne vgl. Puschmann 2000).
In wechselseitiger Beeinflussung standen dann im 18. Jahrhundert die Errichtung feststehender Bühnen – als eine Voraussetzung für ein sesshaftes und sich kontinuierlich entwickelndes Theater – und die neue soziale Funktion des Theaters im geistigen Klima der Aufklärung. Trotz der zunächst nur langsamen Umstellung der Wanderbühnen auf stehende Bühnen, aus denen sich später Hof-, Privat- und Nationaltheater entwickeln sollten, „gingen wesentliche Impulse zu jener Strukturveränderung des Theaterwesens [...] auch von einigen der führenden deutschen Prinzipale und Schauspieler aus" (Brauneck 1996, S. 705). Das Theater im 18. Jahrhundert zielte dann auf eine Theaterreform, die sich weg entwickeln wollte von der Bespielung zur Belustigung, wie man sie im Stegreiftheater und der komischen Figur vorfindet, hin zu einer sittlichen und rationalen Aufklärung. Ausgerufenes Ziel des Theaters sollte die Belehrung, Emanzipation und sittliche Erziehung des Menschen sein; das Theater wandelte sich solcherart zu einer moralischen Anstalt, zu einer Sittenschule. Dabei galt die Belehrung nicht nur den einfachen Menschen, also dem Volke, sondern auch die Fürsten – so die Vorstellung der Intellektuellen jener Zeit – sollten durch das Theater aufklärerisch belehrt und verbessert werden. Angestoßen wurde diese Entwicklung besonders durch den Leipziger Kreis, einen Kreis von Freigeistern um den Literaturtheoretiker Johann Christoph Gottsched (1700-1766), der die Reform des deutschen Theaters nach dem Vorbild der französischen Klassik zur Folge hatte. Aus diesem Grund erschien vielen Intellektuellen die bis dahin herrschenden Wanderschauspieldarstellung nicht geeignet für ein solches aufklärerisches Theater.
Diese Ziele konnten nur durch eine Theaterreform erreicht werden:

„Das Reformprogramm, das Gottsched, J. E. Schlegel, Lessing u.a. formulierten, enthielt die wichtigsten Punkte:
1. eine durchgreifende Literarisierung des Theaters, welche die Verantwortung für die vom Theater übermittelten ‚Inhalte' den Autoren zusprach;
2. eine Geschmacksveränderung des Publikums, in deren Dienst auch die journalistische Theaterkritik gestellt werden sollte;
3. Unabhängigkeit des Theaters von der Kasse, die durch Gründung stehender, von der öffentlichen Hand zu subventionierender Theater erreicht werden sollte" (Fischer-Lichte 1993, S. 87).

Man sieht deutlich, dass diese Reform und ihre Inhalte auch heute noch ein wesentlicher Teil der Theaterwelt sind.
Gleichzeitig wurde nun eine stärkere Betonung auf Aspekte wie die Klarheit des Stils, den Geschmacks und den moralischen Nutzen eines Stückes bzw. einer Darstellung gelegt. Gerade dadurch wurde von den Schauspielern ein höheres Maß an Können eingefordert, was zu einer künstlerischen Aufwertung des Theaters führte.

Literatur

Brauneck, Manfred (1996): Die Welt als Bühne. Geschichte des europäischen Theaters. Band 2, J. B. Metzler, Stuttgart, Weimar.

Fischer-Lichte, Erika (1993): Kurze Geschichte des deutschen Theaters. Francke Verlag (UTB), Tübingen, Basel.

Maurer-Schmoock, Sybille (1982): Deutsches Theater im 18. Jahrhundert. Niemeyer Verlag, Tübingen.

Michael, Friedrich (1969): Geschichte des deutschen Theaters. Reclam, Stuttgart.

Puschmann, Claudia (2000): Fahrende Frauenzimmer. Zur Geschichte der Frauen an deutschen Wanderbühnen (1670-1760). Centaurus Verlag, Herbolzheim.

Fragment einer ästhetischen Erziehung

Im Rahmen der Überlegungen zu Kultur in Schulen im Allgemeinen und Theater in Schulen im Besonderen fällt der Blick schnell auf die leicht antiquierten Begriffe der ästhetischen Erziehung bzw. der ästhetischen Bildung, die sozusagen als Rahmung für solche Überlegungen dienen können. Denn unter ästhetischer Erziehung – oder dem ähnlichen Begriff der visuellen Kommunikation – lassen sich im Zusammenhang mit Schule der Bedingungsrahmen dieses besonderen Lernortes fassen und Ansätze, die ästhetische Lernformen und -organisationen anbieten. Schon früh war der zentrale Gedanke hierbei „den Schülern Gelegenheit zu aktiver Auseinandersetzung mit der sie umgebenden Wirklichkeit – und das ist zunächst auch die Wirklichkeit der Schule – zu geben" (Mayrhofer/Zacharias 1976: 11).

Ästhetische Erziehung ist zugleich ein Mittel, um die Dominanz von rationalem Lernen im Gegensatz zu sinnlichem Lernen, und die Kluft, die immer noch zwischen beiden herrscht, zu überwinden bzw. zu verkleinern. Dass ästhetische Erziehung nicht nur eine ästhetische Seite hat, sondern zugleich auch eine politische und ethische Dimension beinhaltet, wird deutlich, wenn man sich auf Schillers „Briefe über die ästhetische Erziehung" bezieht, in denen die Auseinandersetzung mit Ästhetik zugleich auf gesellschaftliche und politische Fragen hinausweist. Auch wenn man heute unter Ästhetik nicht mehr eine Theorie des Schönen verstehen muss, sondern sie zunächst als eine besondere Theorie der Wahrnehmung begreift, bleibt dieser hinausweisende Aspekt auf das Politische oder Gesellschaftliche erhalten. Denn auch allgemeine Wahrnehmung bleibt an Realisations- und Interpretationsprozesse gebunden, die sich vor dem Hintergrund einer Kultur und einer Gesellschaft abspielen. Damit ist jedes ästhetische Objekt eingebunden in eine soziokulturelle Bedingtheit, die es im Rahmen einer ästhetischen Erziehung auch zu dekonstruieren und ihre Legitimation zu hinterfragen gilt. Ein wichtiger Aspekt im Rahmen der ästhetischen

Erziehung ist der Blick auf die „zweite Seite der Medaille" der Ästhetik. Denn wie der Begriff bereits nahelegt, handelt es sich bei Ästhetik um Wahrnehmung, um Rezeption. Aus diesem Grund wird immer noch diese Rezeptionsebene häufiger beachtet und im Rahmen ästhetischer Überlegungen thematisiert als die weitere Seite der Ästhetik. Die Sprache ist hier von der Produktionsebene: Man kann Theater anschauen, aber auch selbst spielen und Teil des Schöpfungsprozesses werden, man kann Musik hören oder selbst machen, man kann Filme schauen oder selbst drehen, man kann Bilder ansehen oder selbst produzieren. Es klingt banal und in mancher Hinsicht vielleicht auch nicht erwähnenswert, aber die Produktionsebene von Ästhetik stellt einen wichtigen Teil dar und ist nicht nur den „Künstlern" vorbehalten.

Auf der Ebene des Theaters in der Schule tritt eine solche Trennung eher selten auf, zumindest wenn Theater-AG´s oder das Fach Darstellendes Spiel im Unterrichtskanon vorhanden sind. Dennoch ist es wichtig, sich diesen Unterschied (der mitunter fließend sein kann) nochmals zu verdeutlichen. Ästhetik beinhaltet eine Rezeptions- und eine Produktionsebene, die wechselseitig aufeinander wirken. Wenn man nun im Rahmen von ästhetischer Erziehung von ästhetischer Erfahrung spricht, die man hervorrufen möchte, so ist es von essentieller Bedeutung, ob diese Erfahrung im Rahmen einer Rezeption (z.B. Bildbetrachtung) oder der Produktion von ästhetischen Objekten (z.B. durch die eigene Darstellung im Rahmen eines Theaterstückes) gemacht wurde. Denn beide sind nicht identisch, sondern besitzen eine je eigene Qualität, was sich allein durch die größere Aktivität innerhalb der produktiven Weise erklärt. Aber auch das Rezipieren ist kein passiver Akt, sondern als Interaktionsprozess zwischen Betrachter (oder Zuhörer) und ästhetischem Objekt zu verstehen.

Die Ästhetik und die ästhetische Erziehung haben durch die neuen digitalen Medien einen nicht unerheblichen Wandel durchlaufen, ästhetische Erziehung wird zu einem Teil auch zur Vermittlung von

Medienkompetenz. Theater und Medien stehen hier, wie der nächste Beitrag zeigen soll, eng beieinander.

Literatur

Schiller, Friedrich (1995): Über die ästhetische Erziehung des Menschen. Reclam, Stuttgart.

Mayrhofer, Hans, Zacharias, Wolfgang (1976): Ästhetische Erziehung. Lernorte für aktive Wahrnehmung und soziale Kreativität. Rororo, Reinbek bei Hamburg.

Theater und Medien

Dass es eine Affinität und eine Beziehung zwischen den Begriffen „Theater" und „Medien" gibt, macht bereits der Umstand deutlich, dass beide im Studiengang „Theater- und Medienwissenschaft"[1] vereint werden.

Ist das Theater ein Medium und arbeitet Theater mit Medien? Auch wenn wir den Begriff des Mediums oder der Medien noch gar nicht bestimmt haben, kann man beide Fragen mit einem scheinbaren eindeutigen „Ja" beantworten. Scheinbar deshalb, weil letztlich der theoriegeschichtliche Hintergrund – also die jeweilige Medientheorie – maßgeblich ist dafür, ob das Theater als Medium verstanden wird oder nicht. Gerade wenn unter Medien die technischen Massenmedien begriffen werden, pocht die Theaterwissenschaft auf die „Unterscheidung von unmittelbarer theatraler und technisierter medialer Kommunikation [...], um die Spezifik des Theaters zu pointieren" (Schoenmakers/Bläske u.a. 2008: 13). Das wiederum wird noch deutlicher, wenn man sich die vielbeschworene performative Wende des Theaters vor Augen führt bzw. die Performativität als zentralen und fundamentalen Bestandteil dieser Unterscheidung von unmittelbar theatraler und technisch medialer Kommunikation in den Blick nimmt.

In einer Zeit, in der das 3D-Fernsehen und -Kino in der Gesellschaft angekommen sind, die Kamera jeden Winkel des menschlichen Lebens aufzeichnet, ausstrahlt und wiederholt, fällt der Blick unweigerlich auf das, was als solches von technischen Apparaturen nicht oder nur schlecht eingefangen werden kann: Es ist die Einmaligkeit (und damit das an eine Situation und einen Zeitpunkt gebundene Ereignis), die Prozess- und Ereignishaftigkeit, aus deren Zusammenspiel erst ein Theaterstück entsteht und wirkt. Während es bei einem Film unerheblich ist, ob jemand ihn sieht oder er vor leeren Kinorängen abgespielt wird, ist das bei einer Theateraufführung einsehbar nicht so, da die Zuschauer Teil der gesamten Performance sind (mal mehr mal weniger, immer aber ein konstituierender und bedeutungsträchtiger Teil). Darüber hinaus werden Theateraufführungen in diesem Zusammenhang nicht länger mehr als darzustellende Texte – nach dem Theoriekonzept der „Welt als Text" – verstanden, sondern als eine eigenartige Möglichkeitsgenerierung und Wirklichkeitserzeugung. Und damit löst das Theater zum einen die traditionell enge Bindung an das Medium des Textes und ist zugleich durch technische Medien nicht auflösbar. Durch den Prozess- und den Ereignischarakter – durch ihre Performativität – erhält die Theateraufführung eine besondere Wirkungsästhetik bzw. haftet ihr eine „Ästhetik des Performativen" (Fischer-Lichte 2004) an, die sich aus dem Wechselspiel von Semiotizität und Performativität ergibt. Hierdurch werden Darstellungen zu Ereignissen und Aufführungen und nicht mehr nur zu einem Werk, das den dichterischen Text als Folie hat – der Text ist nunmehr nicht mehr privilegierter Teil des Theaters. Das meint, dass etwas Vorgegebenes (Drama, Theatertext, eine Figur etc.) nicht einfach dargestellt wird, sondern erst im Rahmen des performativen Aktes erschaffen und mit Bedeutung versehen bzw. ihnen Bedeutung zugeschrieben werden. „Die körperlichen Handlungen, die als performativ bezeichnet werden, bringen keine vorgängig gegebene Identität zum Ausdruck, vielmehr bringen sie Identität als ihre Bedeutung allererst hervor" (Fischer-Lichte 2004: 37). Damit korrespondiert die (nicht nur) in der Literaturwissenschaft herausgebildete poststrukturalistische Perspektive, dass die Bedeutung von Texten nicht im Text selbst zu finden ist, sondern erst im Akt der Rezeption erzeugt wird; und im Zuge dekonstruktivistischen Denkens sich die Sichtweise ausbildete, dass es letztlich eine unbegrenzte Anzahl von Sinn und Bedeutung in einem Text gibt und nicht nur den einen, den man (hermeneutisch) ergründen kann. Wollte man diese Perspektive auf die Spitze treiben, kann man hinsichtlich des Theaters sagen, dass es kein Medium – zumindest der Bedeutungsvermittlung – ist, da eine feste Bedeutung ja nicht im Rahmen der Aufführung vermittelt, sondern erst im Akt des

Aufführens und des Rezipierens durch die Zuschauer generiert wird. Bleibt man einer theaterpraktischen Sichtweise verhaftet, wird man den Vermittlungsaspekt und die Vermittlungsmöglichkeit durch das Theater – also dem Theater als Medium – nicht verneinen wollen. Man muss letztlich keine Extremposition einnehmen, um den erstgenannten Aspekt dennoch bejahen zu können. Denn löst man das Theater von einer festen Bildungsaufgabe und Sinnvermittlung, lässt man – gerade in theaterpädagogischen Projekten – Raum für eigene Entwicklungen bei den TeilnehmerInnen. Dem widerspricht nicht, dass es eine Rahmung gibt, die zumindest eine Tendenz von dem angibt, um was es geht und was erreicht werden will (z.B. Selbstbehauptung, Anti-Gewalt-Übungen, sprachliche Verbesserungen, Körperwahrnehmung usw.).

Bleiben wir dergestalt zunächst bei der (polyphonen) Bestimmung, was denn ein Medium sei, um daran anschließend nochmal Theater und Medien zusammenzustellen (vgl. nachfolgend auch Bidlo 2011). Im alltäglichen Sprachgebrauch versteht man unter Medien zumeist das, was man in der Presse, dem Hörfunk oder Fernsehen hört oder sieht. Zugleich meint man damit auch die Anbieter und Unternehmen, die Inhalte produzieren und anbieten; und die physischen Medien und Endgeräte, „die als technische Mittel zur Übertragung von Zeichen dienen" (Hasebrink 2006: 9), also etwa die Kupferkabel und die Empfangsgeräte. Eine einheitliche Bestimmung zu finden, was Medien – zumal Massenmedien – sind, ist sicherlich nicht möglich. Medien können die physische Grundlage sein, wie z.B. das Papier einer Zeitung als Medium für die Druckerschwärze, die wiederum in Kombination mit dem Papier als Medium für die Buchstaben dient. Die Buchstaben zu Sätzen, Absätzen und Seiten geformt, dienen dann als Medium für das Ausgesagte. Man sieht daran, dass bereits die meisten Medien, die man heute allgemein als solche versteht, selbst aus ‚kleineren' Medien bestehen bzw. aus diesen zusammengesetzt sind. Daher ist die Frage nach den Grenzen eines Mediums – wo fängt es an und wo hört es auf –, nehmen wir z.B. das Internet, nicht so leicht zu beantworten, wie es auf den ersten Blick den Anschein hat. Gehören nicht die einzelnen Computer und deren Nutzer, die sich ins Netz einloggen dazu? Nicht auch die Netzwerkkabel, Router und Netzwerkfestplatten, die den physischen Teil des Mediums ausmachen? Aber wenn wir von den Medien sprechen, meinen wir zugleich auch die Medienmacher, die Journalisten, Buchautoren oder TV-Produzenten, die die Inhalte, die durch das Medium verbreitet werden, erstellen? Wir meinen aber auch die Medienunternehmen, die – je nach ihrer inhaltlichen Ausrichtung – den Rahmen und den Duktus des Programms vorgeben. Gleiches ließe sich dann für das Theater fragen, wenn man das Theater als Medium versteht: Wo endet das Theater? Ist das, was auf der Bühne passiert, das Theater, sind es die Gebäude, die Büros, die sich um die verwaltungsspezifischen Abläufe kümmern, sind es die Rezipienten, die Dekoration, die Textschreiber oder die Körper der Schauspieler (die selbst auch wieder Medium sind) usw.? Sicherlich kann und muss man all diese Einzelaspekte als Teile des Theaters und des Mediums verstehen.

Medien sind Mittel zur Kommunikation und werden traditionell bezüglich ihrer Funktion und Bedeutung für den Kommunikationsprozess betrachtet. Diese instrumentell-funktionale Perspektive stellt z.B. die Frage nach der sozialstrukturellen Anlage der Mediennutzer, ihrer Verteilung oder der Wirkung der Medien auf die menschliche Kommunikation im Allgemeinen oder der Gegenüberstellung von face-to-face- und massenmedialer Kommunikation im Besonderen. Eine hinzukommende kulturwissenschaftliche Anschauungsweise erweitert das Verständnis der Medien hinsichtlich ihrer tiefgreifenden Auswirkung nicht nur auf soziale, sondern auch auf kulturelle Prozesse. „Sie sieht die Welt- und Selbstverhältnisse der Menschen, kulturelle Praktiken, ästhetische Symbolisierungsleistungen und geistige Tätigkeiten eingelagert in mediale Bedingungen, die an deren Formierung beteiligt sind. Medien sind in diesem Verständnis sehr viel mehr als Instrumente für Kommunikationen: sie sind Ermöglichungen und Bestimmungsfaktoren kultureller Praxen" (Karpenstein-Eßbach 2004: 8).

Die Bedeutung der Medien wurzelt dann in ihrer Formierungsleistung für die Kultur selbst. Medien informieren, d.h., sie bringen etwas in Formation, nämlich Daten über die Welt.[2] Medien bringen nicht nur gesellschaftliche Vernetzung hervor, ihre Besonderheit liegt in ihrem symbolischen Charakter, mit dem sie dies tun und der für ihre Formierungsleistung grundlegend ist; das kann z.B. ästhetisch, politisch oder ökonomisch sein. Ein Beispiel hierfür ist, dass die Dominanz eines Mediums zu historisch gewachsenen und kulturell sich verankernden Strukturen führt. Man denke an den Buchdruck (vgl. McLuhan 1995), der den Code der Schriftsprache zu einer bzw. zwei Kulturtechniken (lesen und schreiben) werden ließ.

Unter diesen genannten Gesichtspunkten ist das Theater gewiss als ein Medium zu fassen. Denn es leistet einen wesentlichen Beitrag für die letztgenanten Aspekte: Es formiert und formatiert die Wahrnehmung, vermittelt (wie auch immer) etwas oder lässt zumindest im Wechselspiel zwischen Aufführung und Rezeption Bedeutung und damit etwas zu Vermittelndes entstehen. Zugleich besitzt das Theater eine – zwar nicht ausschließlich – selbstständige Symbolisierung, die mit einer eigenen Ästhetik (= Formatierung) ausgestattet ist. Fasst man unter Medien also nicht nur die gegenwärtig dominierenden elektronisch-digitalen Massenmedien und legt man die Analyse- und Bewertungsmethoden, mit denen man diesen beizukommen versucht (z.B. vonseiten der Medienwissenschaft) nicht unvermittelt auf das Theater, so ist es sehr wohl gewinnbringend, das Theater als ein Medium aufzufassen. Denn gerade dadurch lassen sich die spezifisch kulturelle Wirkung, der Niederschlag und die Bedeutung des Theaters, seine Möglichkeiten und Grenzen besser fassen. Das Theater als Medium formt das, was es überträgt in anderer Art und Weise, wie es z.B. die technischen Medien tun. Hinzu kommt, dass Theateraufführungen selbst oft mit intermedialen Aspekten arbeiten. Das meint, dass sich zu der unmittelbaren Aufführung durch Einsatz anderer (technischer) Medien und neuer Technologien (Beamer, Video, Klangwelten usw.) eine Verschränkung der Medialität vollzieht. Folgt man dann nicht einer strikten Trennung von Theater auf der einen und (technischen) Medien auf der anderen Seite – ohne gleichwohl die bereits genannten Unterschiede unter den Tisch fallen zu lassen –, können medientheoretische Erklärungsmodelle, die sich ja nicht nur auf vermittelte Kommunikation beziehen, helfen, die Prozesshaftigkeit des Theaters, seine besondere Dynamik und seine formative Kraft zu bestimmen. Und das können sie vor allem dann, wenn man den „Medienbegriff um das Konzept des Performativen erweitert" (Röttger 2008: 119) und damit der besonderen Ästhetik des Theaters Rechnung trägt. D.h. das Prozesshafte, das Einmalig-Situative, das wie ein Wirbel eine gewisse Unerwartbarkeit provoziert und generiert, und die (gewollt oder ungewollte) unmittelbar konstituierende Teilhabe des Publikums an einer Aufführung müssen als wesentlicher Bestandteil mit in den (theoretischen) Blick genommen werden.

Anmerkungen

[1] Diesen findet man z.B. an den Universitäten Erlangen, Frankfurt/Main, Köln (bei den beiden letztgenannten nennt er sich Theater-, Film- und Medienwissenschaft; in Köln als Magisterstudium auslaufend) oder Bayreuth (Theater und Medien).

[2] Wobei dann unterstellt wird, dass es so etwas wie Daten, also Uninformiertes – etwas noch nicht in Form Gebrachtes –, überhaupt gibt. Aber selbst, wenn man diesem Argument – dass es etwas Uninformiertes nicht gibt –, folgt, bleibt der Umstand bestehen, dass Medien dann Informationen in Formation bringen und damit eine gewisse Formierungsleitung erbringen.

Literatur

Bidlo, Oliver (2011): Wenn aus Medien Akteure werden. Der Akteurbegriff und die Medien. In: Bidlo, Oliver, Englert, Carina Jasmin, Reichertz, Jo (Hrsg.) (2011), S. 37-49.

Bidlo, Oliver, Englert, Carina Jasmin, Reichertz, Jo (Hrsg.) (2011): Securitainment. Die Medien als eigenständige Akteure. VS Verlag, Wiesbaden.

Fischer-Lichte, Erika (2004): Ästhetik des Performativen. Suhrkamp, Frankfurt/Main. Hans-Bredow-Institut (2006): Medien von A bis Z. VS Verlag, Wiesbaden.

Hasebrink, Uwe (2006): Vorwort. In: Hans-Bredow-Institut(2006), S.9-18. Karpenstein-Eßbach, Christa (2004): Einführung in die Kulturwissenschaft der Medien. Wilhelm Fink Verlag (UTB), Paderborn.

Röttger, Kati (2008): Intermedialiätt als Bedingung von Theater. Methodische Vorüberlegungen. In: Schoenmakers, Henri, Bläske, Stefan u.a. (Hrsg.) (2008), S. 117-124.

Schoenmakers, Henri, Bläske, Stefan, Kirchmann, Kay, Ruchatz, Jens (Hrsg.) (2008): Theater und Medien. Grundlagen – Analysen – Perspektiven. Eine Bestandsaufnahme. Transcript Verlag, Bielefeld.

Eine kurze Geschichte des Hofnarren

Das Lachen als Demaskierung gesellschaftlicher und politischer Zustände

Einleitung Der Untertitel des vorliegenden Aufsatzes mag nur auf den ersten Blick verwirren. Tatsächlich sind das Lachen und der Hofnarr zwar essentiell verbunden, dennoch muss man den lachenden Narren nicht als Tautologie verstehen, mitunter hatte der Narr selbst nicht viel zu lachen. Auf den zweiten Blick wird deutlich, dass das Lachen (und damit der Narr als Produzent des Lachens bzw. des Gegenstandes oder Sachverhaltes, der bzw. das zum Lachen reizt) eine wesentlich gesellschaftlich-politische Dimension innehat, die sich im Hofnarren manifestiert. Nachfolgend sollen kurz einige Aspekte des Hofnarren, seine Entstehung, Bedeutung und Entwicklung dargestellt und diese in Zusammenhang mit der gesellschaftlichen Dimension des Lachens zusammengebracht werden.

Der Narrenbegriff und das Narrenwesen

Schaut man zunächst auf den Begriff *Narr* so lässt sich konstatieren, dass er von dem altdeutschen Wort *narro* abstammt und im Mittelhochdeutschen eine Entsprechung im Wort *narre* findet. Im Wörterbuch der Gebrüder Grimm zeigen sich verschiedene Bedeutungsdimensionen des Narren. So hält man dort u.a. das Wort „narro für das mlat. [mittellateinisch, das Latein, das im Mittelalter genutzt wurde. Anmerk. O.B.] in den Isid. glossen vorkommende nario, subsannans, so dasz es eigentlich den nasenrümpfer, spötter bedeuten würde (mlat. narire, verspotten oder die nasen rumpffen. gemma gemm. q 4c), [...] dem langen a des mlat. nario würden allerdings auch die obigen mundartlichen nebenformen nâr, nôr entsprechen, deren länge aber wol nur durch unorganische dehnung, wie in vielen anderen fällen entstanden ist. bei annahme deutscher abstammung des wortes könnte vielleicht [...] die dem worte narbe zu grunde liegende wurzel in betracht kommen, so dasz narr ursprünglich etwas eingeschrumpftes, verkrüppeltes [...], sodann einen verrückten, geistig beschränkten, durch seine gestalt oder geberden und reden als thöricht oder possenhaft erscheinenden menschen bedeuten würde mit ähnlichem begriffsübergange wie vom goth. gamaids (verkrüppelt) zu ahd. gimeit (schwach an geist, thöricht, mutwillig)".

Auch wenn die Figur des Narren in gewisser Hinsicht schon in der Antike bekannt war, und der Narr des Mittelalters in dieser Tradition gelesen werden kann, so kommt dem Narren im Mittelalter insofern eine besondere Rolle zu, als dass er Zeit-, Gesellschafts- und bis zu einem gewissen Grad auch Kirchenkritik äußern konnte. Nur aus der spezifischen Zeit des Mittelalters lässt sich die Figur des Narren wesentlicher Verstehen. „Das spätmittelalterliche und frühneuzeitliche Narrenwesen, wie es sich seit dem Hochmittelalter, in ersten Ansätzen schon seit demFrühmittelalter herausbildete, ist [...] in seiner Praxis etwas völlig Neues und Besonderes, es beruht auf ganz anderen gesellschaftlichen und vor allem: auf ganz anderen geistigen Voraussetzungen; es ist [...] vom spezifischen Menschen- und Weltbild des Mittelalters und der frühen Neuzeit geprägt" (Schmitz, Heinz Günther 2004: 11).

Beschaut man den Narren und seine Funktion, so lässt sich zunächst festhalten, dass er in unterschiedlichen Kontexten eingebetet war. So gab es Hof-, Haus-, Stadt- oder Volksnarren, die sich in ihrer grundlegenden Funktion zwar nicht sehr stark voneinander unterschieden, gleichwohl aber unterschiedliche Stellungen hat. So war der Hofnarr fest mit einer festen „Stelle", Versorgungsbezügen, Rechten und Pflichten versehen, während z.B. Volks- oder Stadtnarren sich mehr oder minder gut mit Auftritten auf öffentlichen Plätzen oder Volksfesten durchschlugen. Mitunter konnte ein Stadtnarr auch fest in Dienst der Stadt eingestellt werden und wirkte dann auf den entsprechenden Festen (vgl. Schmitz 2004: 15). Die Funktion des Narren lag darin, für Unterhaltung und Abwechslung zu sorgen. Das machte er durch Streiche, Scherze, Spott, Geschichtenerzählen oder auch überraschend tiefsinnige Äußerungen. Gegenstand des Spottes – und das wiederum ist das beachtenswerte – konnte auch der Dienstherr des Narren selbst werden. So war es dem Narren möglich mehr oder weniger offene Kritik – eingebettet in seine sprachliche oder auch theatrale Darbietung – an den Mächtigen zu üben. Hierzu gehörten nicht selten kirchliche Vertreter, Bischöfe oder andere Klerikale und die mit ihnen nicht selten sichtbarwerdenden (ab zu verschweigenden) Widersprüche zwischen der kirchlichen Lehre und der praktischen Handlung.

Till Eulenspiegel kann als Beispiel dienen für einen Narren, der durch seine geistreichen Einfälle und seinen Hintersinn für Verwirrung und Belustigung sorgte. Zugleich offenbart er die Widersprüche im Leben und Handeln der einfachen Menschen oder der Adeligen, indem er das gesprochene Wort wörtlich nimmt. So forderte in einer Geschichte der König Dänemarks Eulenspiegel dazu auf, etwas *Abenteuerliches* anzustellen. Als Belohnung, so tönte der König, sollte Eulenspiegels Pferd großzügig mit dem besten Hufbeschlag versehen werden. So ging Eulenspiegel anstatt zum Huf- zum Goldschmied und bat diesen sein Pferd mit Gold zu beschlagen und Silbernägel zu benutzen. Als Eulenspiegel zurück zum König kam und diesen bat, die Rechnung zu begleichen, war der König zuerst etwas erbost, lachte aber dann über diesen dreisten Schabernack und bezahlte letztlich den goldenen Hufbeschlag.

Für den Witz und die Unterhaltung bedurfte es einer Reihe von Talenten, die der Narr besitzen musste. So sollte er sprachgewandt, mit spielerischem Talent und einer gewissen Spontaneität versehen sein. Gleichwohl gab es hier die Unterscheidung zwischen dem natürlichen und dem Schalksnarren. Unter natürlichen Narren wurden jene gefasst, die missgebildet, schwachsinnig oder allgemein geistig behindert waren und allein hierdurch am Hofe für Belustigung sorgten. So waren solche Narren auch immer Teil des „Kuriositätenkabinetts" (Lever 1983: 86), das bei den mittelalterlichen Herrschern in Europa sehr gefragt war. So legte sich die Abnormität in Gänze auf die Figur des Narren: Sein Aussehen, seine Kleidung, sein Auftreten, seine gesamte Art und Weise waren deviant, abweichend von der Norm. Der Narr als Krüppel verweist dergestalt, wie erwähnt, auf den natürlichen Narren, der aufgrund einer angeborenen Deformation oder Beeinträchtigung als deviant, als abweichend von der Norm betrachtet wurde. Die Abweichung diente vordergründig der Belustigung und damit der Unterhaltung. Hintergründig diente sie der Bestätigung und Sichtbarmachung der geltenden Norm, insofern sie als negatives, abgrenzendes Beispiel galt. Um aber Unrechtes, Falsches und Abweichendes öffentlich und sichtbar tun zu können, bedarf es einer entsprechenden Sonderstellung des Narren. Hätte ein jeder ungestraft etwas „Närrisches" tun können, so wäre die geltende Ordnung unterlaufen und aufgelöst worden. Daher besaß der Narr die verbriefte *Narrenfreiheit*, die ihm zusicherte, dass er für seine „Untaten" nicht zur Rechenschaft gezogen wurde, wie es einem Normalbürger widerfahren wäre. Der Narr hatte damit gesellschaftsspezifisch zugleich eine ausgleichende Funktion, war ein Ventil für gesellschaftliche Widersprüche. Anomietheoretisch (vgl. z.B. Durkheim 1973) dient das abweichende Verhalten (hier: des Narren), sofern es ein gewisses Maß nicht überschreitet, gesellschaftsstabilisierend, mehr noch wird grundlegender Bestandteil einer in sich funktionierenden Gesellschaftsform. Der Narr ist in seiner Erscheinung wie auch in seiner Entäußerung der geduldete Ausdruck des gesellschaftlich nicht Geduldeten. Herrscher und Narr lassen sich dann als Typus und Antitypus lesen. „In der Gestalt des weisen Herrschers wird dem Typus des törichten Narren ein Antitypus gegenübergestellt, der [...] das Neue Zukunftsweisende repräsentiert und den früheren Typus mit seinen Unzulänglichkeiten gewissermaßen überwindet" (Mezger 1981: 16-17).

Der Narr als Spiegel und Projektionsfläche

Der Narr war für die Menschen – neben seiner intendierten Funktion der reinen Unterhaltung – eine abzugrenzende Projektionsfläche dessen, was gesellschaftlich bzw. gemeinschaftlich nicht erwünscht war. Und gerade hierdurch waren an ihm die herrschenden gesellschaftlichen Normen in umgekehrter Form ablesbar und einsehbar. Aber das Maß des devianten Verhaltens des Narren war entsprechend nicht von einer solchen Tragkraft, dass durch z.B. seinen Spott oder seine Demaskierung gesellschaftlicher Verhältnisse eine Revolution, der Umsturz der Werte hervorgegangen wäre. Aber es konnte das Neue und Progressive symbolisieren. Die zuvor angesprochene unintendierte Funktion der Sichtbarmachung gesellschaftlicher Normen und deren Verbindlichkeiten und die darin enthaltene Spannung, die sich in Lachen entladen konnte, wanderte zunehmend in den Fundus des narrenhaften Auftretens.

Eine solche dann bewusste funktionale Einbindung des oben angesprochenen Sachverhaltes wird auch daran ersichtlich, dass „die Anwärter auf eine Narrenstellung im Lauf der Zeit aus immer höheren sozialen Schichten kommen. Im Mittelalter sind es noch vorwiegend arme Teufel, oft Waisen oder uneheliche Kinder, die im Elend leben. [...] Aber seit Beginn des 16. Jhs. finden wir unter ihnen ehemalige Apotheker und Ärzte, ja richtige Edelleute. Dieser Aufstieg hing sicherlich mit dem wachsenden Anspruch, der an das intellektuelle Niveau der Narren gestellt wurde, zusammen" (Lever 1983: 109). Verwunderlich ist das insofern nicht, wenn man sich die anspruchsvolle Aufgabe des Narrens noch einmal vergegenwärtigt. Er sollte immer dann, wenn es seinem Herrscher danach verlangte, für Unterhaltung und Spaß sorgen, die Hofgesellschaft zum Lachen bringen. Er musste dergestalt nicht nur ein großes Repertoire an witzigen und unterhaltenden Anekdoten, Liedern und Geschichten kennen, sondern diese mitunter plötzlich und improvisierend darbieten. Bedenkt man dann noch, dass ein solches Auftreten über die Zeit, also über einen langen

Zeitraum zu erfolgen hatte, wird schnell deutlich, dass der Narr zugleich großes Talent darin besitzen musste, selbst Anekdoten, Geschichten oder Wortspiele zu erfinden. Nichts ist bekanntlich weniger witzig als der Witz von gestern, die bereits bekannte Pointe. Das Lachen bei anderen hervorzurufen gilt als ganz eigene Kunst. Dergestalt war der Narr fortlaufend dazu genötigt Neues hervorzubringen, Komisches zu produzieren. Und Material, das ihm hierzu diente, war das Treiben bei Hofe, die – mit Abstand betrachtet – oft widersprüchlichen religiösen Regeln oder z.B. festgefahrenen ständischen Normen. So folgt der Narr, um es theoretisch zu formulieren, vor allem einer Inkongruenztheorie des Lachens. Solche Theorien gehen davon aus, dass das Komische durch Inkongruenz (Nichtübereinstimmung, z.B. von Gesagtem und vom Handeln) erzeugt wird. Vor allem das Unterlaufen von Erwartungen, die im Rahmen der erzählten oder gespielten Situation erzeugt werden, und eine plötzliche Wendung (dem Unterlaufen der Erwartungen) bilden hier den Motor der Komik und des Lachens, aber beinhalten, wie bereits erwähnt, auch das Potential der Demaskierung von Widersprüchen.

Abschluss

Der Narr, dessen Wesen hier nur kurz umrissen wurde, besitzt als Utensil nicht umsonst den Spiegel. Der Narr hält der Welt den Spiegel vor, wiederholt mitunter nur schon Gesagtes, bringt es aber – inhaltsgleich – in einem anderen Kontext zu Gehör (man denke in diesem Zusammenhang an das Zeitungstheater von Augusto Boal und dem diesen innewohnenden revolutionären Potential z.B. in Diktaturen) und ruft dadurch Unterhaltung, Komik, aber auch die Gegensatzpaare des Normbruches und der Normfestigung hervor. So bildet er den Antitypus, der gleichwohl vom Typus Herrscher benötigt wird, um überhaupt Kontur gewinnen und damit Herrschaft legitimieren zu können.

Literatur

Durkheim, Emile (1983): Der Selbstmord. Eine soziologische Studie. Suhrkamp, Frankfurt/Main

Lever, Maurice (1983): Zepter und Narrenkappe. Geschichte des Hofnarren. Dianus-Trikont, München

Mezger, Werner (1981): Hofnarren im Mittelalter. Vom tieferen Sinn eines seltsamen Amtes. UVK, Konstanz

Schmitz, Heinz-Günter (2004): Das Hofnarrenwesen der frühen Neuzeit. Claus Narr von Torgau und seine Geschichten. LIT Verlag, Münster

Kleine Soziologie der Emotionen im Theater

Der Titel des Beitrages beinhaltet bereits einige Voraussetzungen, die es kurz zu erläutern gilt. Wenn von einer (kleinen) Soziologie der Emotionen die Sprache ist, dann impliziert dies hier eine nicht ausschließliche Determination von Emotionen durch biologische oder psychologische Vorgänge sowie zugleich eine gesellschaftliche und kulturelle Seite von Emotionen bzw. ihrer Externalisierungen. Und die Attribution mit dem Begriff des Theaters und Verortung der Emotionen im Theater beschränkt nicht nur die soziale Situation, sondern lenkt den Blick besonders darauf, „wie man sich durch kulturelle Praktiken der Gefühle versichert und sich mit ihnen in Szene setzt. Im Mittelpunkt stehen so die Ereignishaftigkeit von Gefühlen und die Frage nach den Strategien und Handlungsweisen, mit denen Emotionalität performt wird" (Risi/Roselt 2009: 8). Während im Theater und der theoretischen Auseinandersetzung mit ihm seit der Antike die Affekte, d.h. die somatische Aktivierung, und die Gefühle, d.h. die bewusste Eigenwahrnehmung dieser psychischen und physischen Verfasstheit, eine konstitutive Rolle spielten, spielten sie in der Soziologie seit ihrer Gründerzeit – wenn man sie mit Auguste Comte's Begriffsbildung Mitte des 19. Jahrhunderts beginnen lässt – lange eine nur marginale Rolle, wenngleich sie dann durch die klassischen soziologischen Protagonisten Max Weber, Emile Durkheim und Georg Simmel in unterschiedlicher Weise thematisiert wurden. Aber erst zu Beginn der 1980er Jahre verdichtete und bildete sich zunehmend eine systematische Perspektivierung und Fragestellungen einer Soziologie der Emotionen aus. „Dies ist erstaunlich, wenn man bedenkt, wie bedeutsam Emotionen in der Strukturierung unserer alltäglichen, sozialen Wirklichkeit sind" (Gerhards 1988: 11). Im Nachfolgenden soll zunächst ein kurzer Blick auf Aspekte der Soziologie der Emotionen geworfen und im Anschluss Bezüge zum Theater hergestellt werden. Der basale Zusammenhang kann bereits hier angedeutet werden.

Das Theater und das Theaterspiel beinhalten als wesentlichen Bestandteil auch die Darstellung von Emotionen. Emotionen werden in eine Darstellungsform gefasst und dargeboten. Will die Darbietung aufseiten der Zuschauer verstanden und nachvollzogen werden können, muss die Darstellung von und die Reaktion auf Emotionen so gestaltet sein, dass der Zuschauer ihr folgen und entsprechend affiziert werden kann. Dabei, und das ist die soziologische Grundannahme, ist die Art und Weise, wie Menschen Emotionen ausdrücken nicht nur biologisch festgeschrieben (Freudentränen vs. Tränen der Trauer), sondern zugleich ein (sich veränderndes) Ergebnis sozialer Prozesse, die sich kulturell und in der Zeit verändern können. Ein anschauliches Beispiel ist der Sportwoche um Sportwoche zu beobachtende Torjubel in der Fußballbundesliga, der eine Verschränkung aus theatraler und tatsächlicher Emotion darstellt. Allein im Verlauf der letzten 30 Jahre hat sich der Torjubel wesentlich verändert. Wirkte er (aus heutiger Sicht) vor 30 Jahren noch etwas hölzern, sind es heute oft ausgefeilte Choreographien, durch die die Freude ausgedrückt wird. Aber auch die Stellung, die Emotionen in einer Gesellschaft einnehmen, spiegeln sich in der Theaterdarstellung wider. So können sie erwünscht oder unerwünscht oder mit gewissen Zuschreibungen versehen sein (z.B. weinen eher weiblich, Wut und aufbrausender Zorn eher männlich). Dabei geht es einem soziologischen Blick zunächst nicht um eine Bewertung solcher Zuschreibungen, um ein richtig oder falsch, sondern allgemein um das Herausarbeiten dieser Zuschreibungen und ihrer Entstehungsprozesse. Will das Theater Emotionen und die sie umschließenden sozialen Situationen darstellen, dann muss es bzw. müssen die Schauspieler auch ein Wissen darüber haben, wie Menschen einer Gesellschaft Emotionen ausdrücken und erleben. Dabei bilden sie, und das lässt sich heute noch in Film und Fernsehen wiederfinden, Typisierungen (reduzierende Konstrukte) aus, die möglichst von allen Zuschauern verstanden werden.

Bereits bei den Gründungsvätern der Soziologie spielen Emotionen eine wichtige Rolle. Georg Simmels Verständnis von Gesellschaft und sein daran angelehnter soziologischer Entwurf lehnt eine Perspektive ab, die nur von gesellschaftlichen Makrostrukturen zur Erklärung von Gesellschaft ausgeht. Stattdessen sieht er in den vielfältigen Interaktionen und Wechselwirkungen der Individuen untereinander den zentralen Prozess zur Erklärung der Gesellschaft. Für Simmel wird gerade die Wechselwirkung zum basalen Gehalt für die Vergesellschaftung, die als Prozess gesehen die Gesellschaft bezeichnet. Er sieht die Soziologie als die Wissenschaft von den Formen der Vergesellschaftung und von den Beziehungsformen der Menschen zueinander. Wo mindestens zwei Individuen in Wechselwirkung treten, beginnt Gesellschaft. Gleichwohl bedarf es nicht nur einer reinen Anwesenheit von Individuen, um von Gesellschaft sprechen zu können. „Irgendeine Anzahl von Menschen wird nicht dadurch zur Gesellschaft, das in jedem für sich irgendein sachlich bestimmter oder ihn individuell bewegender Lebensinhalt besteht; sondern erst, wenn die Lebendigkeit dieser Inhalte die Form der gegenseitigen Beeinflussung gewinnt, wenn eine Wirkung von einem auf das andere – unmittelbar oder durch ein Drittes vermittelt – stattfindet, ist aus dem bloß räumlichen Nebeneinander oder auch zeitlichen Nacheinander der Menschen eine Gesellschaft geworden" (Simmel 1983: 5-6). Simmel erachtet als eine konstitutive Bedingung und Notwendigkeit für soziale Prozesse zwei Individuen, die einerseits in wechselseitiger Präsenz und einem bestimmten räumlichen Verhältnis und andererseits in einer wechselseitig geteilten Aufmerksamkeit und dergestalt in einem perzeptiven Verhältnis zueinander stehen. Simmel hat in seiner Studie »Soziologie der Sinne« die sinnliche Wechselwirkung als Vorbedingung für soziale Wechselwirkungen und die Verschränkung von Interaktion, Raumbezug und Wahrnehmungssinnen eingehend untersucht. In diesem Zusammenhang müssen Emotionen – Simmel hat sich beispielsweise mit Treue, Dankbarkeit, Moral, Scham oder Hass auseinandergesetzt – als wichtige bindende Elemente, als eine Form der Wechselwirkungen von Individuen untereinander betrachtet werden. Begrifflich steht Simmel noch der Psychologie nahe, wenn er Gefühle als individual-psychologische Motive (vgl. Simmel 1983) bezeichnet, wenngleich es ihm im Anschluss darum geht, „ihre sozialen Voraussetzungen und ihre soziale Wirkung" (Flam 2002: 17) zu untersuchen und damit eine soziologische Betrachtungsweise anlegt. Emotionen sind bei ihm noch individuell, stoßen aber soziale Wechselbeziehungen an, gehen auch in diesen auf und können wiederum weitere Emotionen anstoßen. So sind gleichzeitig die Formen des Miteinanders, in denen Emotionen gefasst sind, gesellschaftlicher Art und können auf die Emotionen selbst rückwirken, indem aus vergangenen Wechselbeziehungen sich z.B. Erwartungszusammenhänge gebildet haben. Solche Emotionen, die psychische Ergebnisse vorheriger sozialer Beziehungen sind, nennt Simmel sekundäre Emotionen, im Gegensatz zu primären Emotionen. „Primäre Gefühle übernehmen die Funktion einer basalen Konstruktionsform, indem sie die Welt in Wichtiges und Unwichtiges, in nah und fern, in Dazugehöriges und Nichtdazugehöriges, in Solidargemeinschaft und Fremdes trennen. [...] Durch unterschiedliche emotionale Besetzung wird die Welt erst strukturiert" (Gerhards 1988: 46). Und die Art und Form der emotionalen Besetzung und der dadurch entstehenden Strukturierung der Welt ist einem kulturellen und gesellschaftlichen Wandel ausgesetzt und mithin Veränderungen unterworfen, wie man am Beispiel des Wandels der Darstellung von Gefühlen im Theater sehen kann (vgl. Kapitel unten). Daran anschließend lässt sich gleichwohl von einer emotionalen Konstruktion der Wirklichkeit sprechen, weil „emotionale Befindlichkeiten selbst wiederum auf den Konstitutions- und Konstruktionsprozeß von Wirklichkeit einwirken und ihn in einer spezifischen Weise bestimmen, so daß man von einer spezifisch emotionalen Konstruktion von Wirklichkeit sprechen kann" (Gerhards 1988: 59). Emotionen stellen dergestalt einen wichtigen Bestandteil der

conditio humana dar, die Handlungen mit anleiten, aber auch selbst kulturell und gesellschaftlich über den „Prozeß der Zivilisation“ (Elias 1997) in Form gebracht werden. Das Wie, Wann, Wo und selbst das Warum unterliegen einer gesellschaftlichen Prägung und damit aufgrund des sozialen Wandels auch selbst einem Wandel.
Ein anschauliches, wenngleich medizinisch grundiertes Beispiel ist die Trauer, genauer die Trauerzeit, die einem Menschen zugestanden wird, bevor die Trauer selbst als eine psychische Krankheit diagnostizierbar wird. Das Diagnosemanual für psychische Störungen der amerikanischen psychiatrischen Vereinigung DSM, das über die Grenzen hinaus eine Leitfadenfunktion innehat, gab in der Version DSM-3 von 1980 noch ein ganzes Jahr an Trauerzeit für den Verlust eines geliebten Menschen an. Das DSM-4 aus dem Jahre 2000 sah nur noch zwei Monate als Normalität für die entsprechende Trauer an; im DSM-5 aus dem Jahre 2013 sind daraus zwei Wochen geworden. Norbert Elias hat in seiner o.g. Untersuchung den Veränderungsprozess von Verhaltens- und Handlungsweisen im Alltag anhand von Manierbüchern und Berichten in den Jahren 1300 bis 1800 rekonstruiert. Solche Veränderungen zeigten sich im Wesentlichen auch in der Affektivität der menschlichen Äußerungen, in der Veränderung von Scham- und Peinlichkeitsschwellen und in einer zunehmenden Affektbeherrschung. Das Maß (vor allem) der Beherrschung der Affekte und Emotionen wurde solcherart zu einem Maß und zu einer Form für die Zivilisiertheit oder Unzivilisiertheit, wobei nicht nur das Augenmerk auf der rein quantitativen Beherrschung der Emotionen liegen soll, sondern auch auf den qualitativen Verschiebungen. So gab und gibt es auch heute z.B. spezifische soziale Räume und Situationen in denen (bestimmte) Emotionen erlaubt, erwünscht oder eben unerwünscht sind.
Das Theater ist in diesem Zusammenhang von doppelter Bedeutung, da es zum einen ein spezifischer Darstellung-, Produktions- wie auch Erlebnisort von Emotionen, eine „Emotionsmaschine“ (Fischer-Lichte 2009: 22) oder „Gefühlsmaschinerie“ (Kolesch 2006: 137) ist. So kon-

statiert Kolesch in ihrer Studie „Theater der Emotionen" zurecht: „Gefühle werden subjektiv jeweils von der oder dem Betroffenen gespürt, doch darf dies nicht zu dem Umkehrschluss verleiten, sie seien subjektiv. Emotionen sind vielmehr kontextuelle und soziale Phänomene, die historischen Veränderungen und kulturellen Prägungen unterliegen" (Kolesch 2006: 13).
Schaut man auf den Ursprung des abendländischen Theaters, kann man ihn bekanntlich im antiken Theater der Griechen verorten. Besonders einschlägig waren dabei die vom Tyrannen Peisistratos eingesetzten und veranstalteten Feiern und Feste zu Ehren des Gottes Dionysos mit Tanz- und Gesangsritualen. Weitgehend unstrittig ist, dass sich aus den Dionysosfesten die dann klassische Komödie und Tragödie entwickelt haben. „Alle [Theorien, O.B.] suchen die Ursprünge des Theaters im Bereich des Dionysoskults oder rechnen doch, wenn sie von nicht-dionysischen Bräuchen und Ritualen ausgehen, mit deren früher Integration in den Kult des Theatergotts" (Seidensticker 2010: 12). Dionysos ist vor allem auch der Gott des Rausches und der Ekstase. „Die dionysische Ekstase, das aus sich selbst und seiner gesellschaftlichen Rolle Heraustreten, bedeutet Befreiung von den Fesseln der Rationalität" (Seidensticker 2010: 13). In der Antike galt die Ekstase noch vor allem dem „Heraustreten" und Erreichen eines anderen Bewusstseinszustandes. Gleichzeitig war damit auch eine besondere und gesteigerte Emotionalität verbunden, aus der viele Jahrhunderte später in der Epoche der Empfindsamkeit zu Beginn des 18. Jahrhunderts dann eine hervorgehobene Konnotation von Empfindung, Emotionalität und Gemütsbewegungen wurde. Das abendländische Theater ist dergestalt eng mit den Begriffen der Emotionen und der Eingrenzung und Formung des Logos verbunden. Darüber hinaus hatten die Dionysosfeste einen gesellschaftlich-integrativen Charakter, wurde dort nämlich „die gesellschaftliche Ordnung in gemeinsamen Vollzügen unter Beteiligung aller praktisch ins Werk gesetzt" (Girshausen 1999: 337). Darstellungspraktiken, in de-

nen auch Darstellungsweisen der Emotionalität enthalten sind, und gesellschaftliche Figuration bedingen und konstituieren sich hier wechselseitig. Für die viele Jahrhunderte später sich ausbildende höfische Gesellschaft konstatiert Kolesch ebenfalls, dass „Zeitgenossen – und zwar sowohl Theaterpraktiker als auch -theoretiker – [...] Theater als eine Kunstform [sahen], deren oberstes Ziel und wichtigste Leistung in der Darstellung und Erzeugung von Gefühlen bestand" (Kolesch 2006: 17). Damit war und ist das Theater auch hinsichtlich der Emotionen ein wichtiger Teil eines sozialen Konstruktivismus, in dem Gefühle und affektive Strukturen nicht als rein innerpsychische Strukturen verstanden werden, sondern als soziale Formationen, die mit gewissen Praktiken einhergehen.

Der Jesuitenpater, Professor für Poetik und Schauspiellehrer Franscis-cus Lang (1654-1725) hat in seiner „Dissertatio de actione scenica" die Schauspielkunst definiert als die Fähigkeit, mit Stimme und Körper, die Affekte der Zuschauer zu erregen. Hierfür gab er Darstellungsformen an, die Affekte möglichst gut repräsentierten, um so die entsprechenden Affekte auch beim Zuschauer zu erzeugen. „Die Schauspielkunst muss also jeweils diejenigen Gesten erfinden, die nach Auffassung der Zeitgenossen am besten imstande sind, die Affekte zu repräsentieren" (Fischer-Lichte 2009: 27). Dabei handelte es sich allerdings nur bedingt um eine Erfindung, als vielmehr – moderner ausgedrückt – um eine Typisierung. Eine reine Erfindung hätte zunächst keine Entsprechung bei den Zuschauern im Theater gefunden, und bis eine völlige Neudarstellung einer Emotion über Zu- und Einschreibungsprozesse sich beim Theaterpublikum etabliert hätte, wären viele Aufführungen nötig gewesen. Solche Darstellungspraktiken griffen dergestalt in der Gesellschaft vorhandene Gesten, Mimik und ihren situativen Kontext auf und bildeten sich dann durch eine starke Konturierung und Profilierung der gesellschaftlich vorhandenen Handlungs- und Darstellungsweisen aus. Damit waren sie auf der einen Seite an die gesellschaftlichen Darstellungsformen rückgekoppelt, erhielten aber zugleich ein hohes Maß an theatraler Eigenständigkeit. Emotionalität spiegelt sich dergestalt aufseiten der Schauspieler in ihren Darstellungsformen von Emotionen wider und als Bezugs- und Zielpunkt dieser emotionalen Darstellung bei den Zuschauern, die davon affiziert werden. Eine Zuspitzung solch emotionaler Affizierung kann dann die Ansteckung und Infektion der Zuschauer mit diesen Emotionen sein. „Der infizierte Zuschauer ist zur Reflexion und nachvollziehendem Verstehen ganz unfähig. Die Ansteckung versetzt ihn in einen leidenschaftlichen bzw. empfindsamen Zustand, der sich in körperlichen Veränderungen artikuliert" (Fischer-Lichte 2009: 35) wie das Weinen, Zittern oder auch wütender Erregtheit. Das Theater war und ist damit je nach gesellschaftlicher Bedeutung und Tragweite ein wichtiger Rezipient und Akteur im Gefühlsdiskurs einer Gesellschaft. Ein solcher Diskurs bestimmt nicht nur die äußeren Faktoren wann, wie, wo und auch wodurch Gefühle gezeigt werden, sondern wirkt sich zugleich auf die Gefühle selbst aus, die dadurch nicht erst eine darstellbare, sondern überhaupt auch eine erfahrbare Form erhalten. Akteur in diesem Diskurs ist das Theater (und die Kunst allgemein) vor allem auch dann, wenn es gegen herrschende Gefühlsregime einer Gesellschaft anspielt, sie bricht, auf den Kopf stellt oder ihre Bruchstellen markiert. Damit soll gleichwohl nicht immerwährender Revolution das Wort gesprochen werden. Aber besonders dann, und damit ist das Theater ein hochgradig sozialer und soziologisch relevanter Ort, wird deutlich und erfahrbar, dass man Gefühle nicht nur einfach hat, sondern dass sie sich vor einem gesellschaftlichen und kulturellen Hintergrund abspielen, der wandel- und veränderbar ist.

Literatur

Elias, Norbert (1997): Über den Prozeß der Zivilisation. Wandlungen des Verhaltens in den westlichen Oberschichten des Abendlandes. Bd. 1, Suhrkamp, Frankfurt/Main.

Fischer-Lichte, Erika (2009): Theater als ‚Emotionsmaschine'. Zur Aufführung von Gefühlen. In: Risi, Clemens, Roselt, Jens (Hrsg.) (2009), S. 22-50.

Flam, Helena (2002): Soziologie der Emotionen. Eine Einführung. UVK, Konstanz .

Gerhards, Jürgen (1988): Soziologie der Emotionen. Fragestellungen, Systematiken und Perspektiven. Juventa Verlag, Weinheim, München.

Girshausen, Theo (1999): Ursprungszeiten des Theaters. Das Theater der Antike. Verlag Vorwerk, Berlin .

Kolesch, Doris (2006): Theater der Emotionen. Ästhetik und Politik zur Zeit Ludwigs XIV. Campus Verlag, Frankfurt/Main, New York Risi, Clemens, Roselt, Jens (Hrsg.) (2009): Koordinaten der Leidenschaft. Kulturelle Aufführungen von Gefühlen. Theater der Zeit, Berlin

Seidensticker, Bernd (2010): Das antike Theater. Verlag CH. Beck, München.

Simmel, Georg (1983): Soziologie. Untersuchungen über die Formen der Vergesellschaftung. Duncker & Humblot, Berlin.

Vorüberlegungen zur Grundlegung einer Theatersoziologie

1. Einleitung – Was ist der Fall?

Der folgende Beitrag versteht sich als eine gedankliche und strukturelle Vorbereitung zu einem größeren Projekt: Der Grundlegung einer Theatersoziologie. Die Fragen, die sich bereits aus dem Titel ergeben und die im weiteren Verlauf des Beitrages in einem ersten explorativen Schritt behandelt werden sollen, sind: Gibt es denn nicht schon eine Theatersoziologie und damit auch ihre Grundlegung? Und wenn es sie nicht geben sollte, warum soll oder muss es eine dezidierte Theatersoziologie überhaupt geben? Was wäre der genaue Gegenstand, das genaue Feld einer Theatersoziologie? Wie und wo ließe sich eine eigenständige Theatersoziologie im Kanon von Theaterwissenschaft, Theaterpädagogik, Medien- und Kulturwissenschaft überhaupt verorten? Da es sich um vorbereitende Gedanken handelt, sind diese weniger um Vollständigkeit, als mehr um eine erste Feldkonturierung bemüht.[1]

Betrachtet man zunächst historisch die Rolle des Theaters, wird schnell deutlich, dass es grundlegender Teil der Gesellschaft war und aus Kulthandlungen entsprang. Eingelassen war es dergestalt durch kultische Praktiken in die Gesellschaft und später in einem noch größeren Maße durch die öffentliche Darbietung von erwünschten und unerwünschten Handlungen rückgebunden an den Alltag der Menschen. Die Bedeutung des Theaters hatte dergestalt religiöse, bildungsbezogene, unterhaltende und künstlerische Bezüge. In all diesen Formen hatte es zugleich die soziale Funktion der Vergemein-

---

[1] Daher freut sich der Autor auch auf Rückmeldungen, Ergänzungen und weitere Impulse. Neben einem grundierenden Band (voraussichtlich) 2018 ist in 2018/2019 ein Sammelband geplant, der über einen Call for Paper dann um Beitragsvorschläge aufrufen wird.

schaftung, bot Handlungsorientierung und -koordination durch die Vermittlung von Deutungsangeboten und vorgeschlagenen Handlungs- und Verstehensweisen. Das Drama als gespielte Handlung oder Schauspiel und das Theater als Anschauungsmöglichkeit zeugen hier von der sozialen Funktion wie auch von ihrer späteren institutionellen Verankerung in der Gesellschaft. Überdies beinhaltete Theater nicht nur diese auf die Rezipienten (Publikum) gerichtete Funktion, sondern war zugleich eine Form des gesellschaftlichen Lebens, war und ist ein spezifischer Lebensentwurf. Das Theater war und ist zugleich geographischer wie auch vor allem ein kommunikativ entworfener sozialer Raum, der seine eigenen imaginären Grenzen hervorbrachte, eigene Vorder- und Hinterbühnen produzierte. Theater als Sozialraum war und ist nicht selten auch heute noch semipermeabler Sozialraum. Zu diesem wiederum gehören nicht nur die bekanntesten und offenkundigsten Akteure, die Schauspieler, Regisseure und Autoren, sondern eine Vielfalt von weiteren Akteuren, die sich heute wie auch in früherer Zeit von den Bühnen-, Masken und Kostümbildnern, der Garderobiere, den Bühnen- und Lichttechnikern, Theaterpädagogen bis zum für den kulturellen Bereich extra ausgebildeten (Kultur-)Manager und Intendanten sowie einer Vielzahl weiterer Helfer erstrecken. Gleichwohl bilden all jene nicht zugleich die Grenze des Theaters. So wirkt und ragt es über das Bühnenspiel, welches selbst eine eigene Kategorie in diesem sozialen Geflecht darstellt, das Publikum und nicht zuletzt die journalistisch-mediale Berichterstattung weit über die Grenzen seiner physischen Lokalität und unmittelbaren face-to-face-Wirksamkeit hinaus.

Aber selbst damit wären die gesellschaftliche Reichweite und Bedeutung des Theaters keineswegs hinlänglich beschrieben oder erfasst. Denn neben diesem an der physischen Institution verbrachten Geflecht, reicht das Theater in Form des Theaterspielens und -agierens weit in den Alltag der Menschen hinein, überschreitet die Halbdurchlässigkeit und wird zu einer wechselseitigen Wirkung. Theater hat heute, auch durch die Vielzahl an theaterpädagogischen Proben und Versuchen der praktischen Anwendung, Kontakt mit und Bedeutung in vielen gesellschaftlichen Bereichen. Theater wird nicht mehr nur im Theater gespielt oder in Schulen probiert, sondern es ist als Medium, aber auch um seiner selbst willen, z.B. in vielen sozialen Feldern präsent: Theaterspiel mit Schülern, Senioren, Behinderten, Migranten, in Unternehmen (Unternehmenstheater) oder Krankenhäusern, in der Pflege und Therapie, in Form von Life-Rollenspielen, in Workshops, als Aufklärungs- und Emanzipationsbewegung der Alltagsmenschen (Augusto Boal) usw. In diesen Formen spielen nicht nur Menschen für Menschen, sondern in erster Linie Menschen mit Menschen, und hier dann unter Anleitung von Theaterpädagogen. Theaterpädagogen werden damit selbst zu einer Figuration des Theaters, indem sie in selbst gestalteten und geführten Projekten Theater in immer neue Fassungen bringen und selbst konstitutiver Bestandteil dieser Fassungen sind. In Form freier Theaterpädagogen wird das Theater zu einer heute als neu zu bewertenden Lebensform, die nicht mehr allein durch die klassischen Akteure wie Schauspieler oder Regisseure ausgebildet, sondern eben durch theaterpädagogisch selbstständige Arbeit neu formiert wird.

Die Soziologie als wissenschaftliche Disziplin wendet sich nun der Gesellschaft und der sie konstituierenden Bereiche zu, die durch – in Anlehnung an Max Weber – soziales Handeln konstituiert werden. Diese Bereiche können beispielsweise die Familie (Familiensoziologie), die Medien (Mediensoziologie), die gesellschaftliche Bedeutung von Literatur (Literatursoziologie), der Umgang mit Wissen (Wissenssoziologie) und die Bildung in der Gesellschaft (Bildungssoziologie), die Musik (Musiksoziologie), die Kunst (Kunstsoziologie) usw. sein. Mag man über die hohe Ausdifferenzierung des soziologischen Feldes (Bindestrich-Soziologien) die „Nase rümpfen", dennoch bilden sie eine wichtige Grundlage für die gehaltvolle soziologische Analyse dieser gesellschaftlichen Felder und tragen zu einem Verständnis von

Gesellschaft im Allgemeinen bei. Vor diesem Hintergrund ist es erstaunlich, dass sich bisher keine Theatersoziologie ausgebildet hat und etablieren konnte.[1] Werfen wir kurz einen Blick in ein „Handbuch Spezielle Soziologien" (Kneer/Schroer 2010) und die dort aufgelisteten Soziologien wird der oben beschrieben Aspekt nochmals deutlich. Folgende Teilsoziologien sind dort mit einem eigenen Beitrag bedacht (vgl. ebd., Inhaltsverzeichnis):

- Arbeits- und Industriesoziologie
- Architektursoziologie
- Bevölkerungssoziologie
- Bildungs- und Erziehungssoziologie
- Biographieforschung
- Entwicklungssoziologie
- Familiensoziologie
- Geschlechtersoziologie
- Jugendsoziologie
- Konsumsoziologie
- Kultursoziologie
- Kunstsoziologie
- Land- und Agrarsoziologie
- Literatursoziologie
- Mediensoziologie
- Medizinsoziologie
- Militärsoziologie
- Musiksoziologie
- Organisationssoziologie
- Professionssoziologie
- Rechtssoziologie
- Religionssoziologie
- Soziologie der Freizeit
- Soziologie der Generationen
- Soziologie der Kindheit

- Soziologie des Körpers
- Soziologie der Migration
- Soziologie der Politik: Akteure, Konflikte, Prozesse
- Soziologie Sozialer Kontrolle
- Soziologie sozialer Ungleichheit
- Soziologie der Sozialisation
- Soziologie der Sozialpolitik
- Soziologie des Sterbens und des Todes (Thanatosoziologie)
- Sportsoziologie
- Stadt- und Raumsoziologie
- Techniksoziologie
- Umweltsoziologie
- Wirtschaftssoziologie
- Wissenschaftssoziologie
- Wissenssoziologie

Man könnte hier einwenden, dass dieser Band „Spezielle Soziologien" nun nicht alle möglichen Soziologien auflistet. Allerdings darf man vermuten, dass alle relevanten oder gängigen Bindestrichsoziologien einen Platz gefunden haben. Theatersoziologie selbst, und das bezweckt hier die obere Auflistung, findet letztlich in der Soziologie nicht statt, was nicht heißt, dass der Begriff nicht schon verwendet wurde. Eine inhaltlich bestimmte und konturierte Theatersoziologie, und das wiederum soll die Auflistung verdeutlichen, gibt es bisher jedoch nicht.

Die bereits erfolgten Ausführungen sollten verdeutlicht haben, dass dies zunächst einmal verwundern kann, wenn man die vielfältigen Teilsoziologien betrachtet. Zudem sollte bereits angedeutet sein, dass es ein dezidiertes Feld gibt, das nur bzw. besonders als ein theatersoziologisches Feld betrachtet werden kann. Dieses Feld bzw. der Gegenstand der Theatersoziologie soll nachfolgend genauer betrachtet werden.

2. Was ist der Gegenstand einer Theatersoziologie?

Das Theater als materiale wie auch ideelle Einrichtung ist tief in unserer Kultur und Gesellschaft verankert. So hat sich das Theater auch über seine Begriffe und die dahinterstehenden Konzepte (z.B. die der „Rolle", „Akteur", „Kulisse", „Szene", „Spiel" usw.) in unsere Gesellschaft eingeschrieben. Gegenstand der Theatersoziologie ist daher nicht nur der geographisch bestimmbare Ort Theater, sondern sind auch – in theoretischer Hinsicht – die darin gründenden und entworfenen Konzepte der Welterarbeitung, Weltdeutung und die darin angestoßenen gesellschaftlichen Diskurse und Formationen. Damit sind sowohl die materielle Rahmung des Theaters (Stellung in der Gesellschaft, Berufe im Theater) als auch die Darstellungsformen, die Verbreitung, Besprechung – also der gesamte Theaterbetrieb – gemeint. Darüber hinaus – und das bildet einen zentralen Kern theatersoziologischen Arbeitens – richtet sich der Blick auf die vielfältigen Erscheinungsformen und gesellschaftlichen Formationen theatralen Handelns und neuer Figuren theatralen Arbeitens in der Gesellschaft. Diese reichen z.B. von theaterpädagogischen Arbeiten in Kindergärten, Schulen, in Unternehmen, mit Senioren, in Gefängnissen, mit Behinderten, über Live-Rollenspiele, freie Theaterschulen und -projekte bis hin zu 2400 Mitglieds-Theatergruppen und Amateurtheatern, in denen bis zu 100.000 Laien ehrenamtlich Theater spielen und etwa 8 Millionen Zuschauer erreichen.[2] Dazu treten rund 140 öffentlich getragene Theater, 220 Privattheater, etwa 70 Festspiele, ca. 150 Theater- und Spielstätten ohne festes Ensemble, um die 100 Tournee- und Gastspielbühnen ohne festes Haus und vor allem eine unübersehbare Anzahl freier Gruppen, die nicht im Bund Deutscher Amateurtheater organisiert sind.[3]

Allein diese Mengen und Formen verweisen bereits auf die nicht nur kulturelle, sondern insbesondere gesellschaftliche Bedeutung des Theaters und seiner Reichweite. Theaterspiel wird in all diesen Bereichen nicht nur zur Unterhaltung, pädagogisch oder psychologisch eingesetzt, sondern wirkt hochgradig vergemeinschaftend und auf soziale Interaktionen, aber auch als Hintergrundfolie für das weitere soziale Handeln. Der Gegenstand der Theatersoziologie ist mithin genauso die soziale Praxis des Theateragierens, d.h. des Theaterhandelns, wie auch die Institution und die Lebenswelt Theater mit ihren vielfältigen Berufen und Tätigkeitsfeldern und den darin befindlichen Akteuren (Produzenten wie Rezipienten).

Damit, und das ist das Eigentliche und Besondere an einer Theatersoziologie, geht es nicht nur um die Theater als Organisationen und Institutionen, wenngleich diese forschungsbezogen ein wichtiges Desiderat darstellen können. Aber allein die Existenz eines Theaters allein macht noch keine Theatersoziologie nötig. Man kann Theater als Institution und Organisation soziologisch analysieren, z.B. in einem organisations-, bildungs-, kultur- oder wissenssoziologischen Kontext. So gibt es auch Banken, aber keine Banksoziologie, die Bahn, aber keine Bahnsoziologie, den Zoo, aber keine Zoosoziologie usw. Gleichwohl kann es eine Soziologie der Bank, der Bahn oder des Zoos geben, d.h. eine soziologische Untersuchung der Banken, der Bahn oder der Zoos. D.h.: Natürlich kann und muss die gesellschaftliche Bedeutung, die Funktion und Wirkung von Banken, Bahn (oder öffentlicher Verkehrsmittel) oder Zoos soziologisch analysiert und herausgearbeitet werden. Dafür jedoch bedarf es keiner dezidierten Bahn-, Zoo- oder Banksoziologie. Das Theater geht insofern über solche Institutionen hinaus, weil seine Strukturen weit- und tiefgreifender reichen. In ihm ist eine Typik angelegt, die weit über das geographisch und physisch bestimmbare Theater hinausweist. Sprachlich, deutungsgebend, aber vor allem in vielfältigen sozialen Feldern bieten das Theater, seine Akteure und das Theateragieren bzw. -handeln eine grundlegende soziale Struktur. Sie sind zusammengenommen selbst eine basale soziale Struktur. Will man dergestalt Gesellschaft besser und genauer verstehen und erklären, gehört die Analyse und

Rekonstruktion theaterbezogener Handlungsweisen, Strukturen und auch ihrer Reichweite als essentieller Bestandteil dazu.

Interessant in diesem Zusammenhang ist der Verweis darauf, dass diese sich ausgebreiteten Formen des Handelns mit, durch und von Theater in erster Linie leiblich kopräsente Handlungen sind. Es wird unmittelbar mit Menschen gespielt, die Menschen werden physisch erfahrbar. Eine solche Entwicklung ist gerade vor dem Hintergrund einer zunehmenden Mediatisierung und Medienästhetisierung des Alltags von besonderem Interesse, stellt das Theater diesbzgl. nachgerade einen Gegenpol dar. Umgekehrt fließen – hier sei auf den Begriff der Theatralität hingewiesen – theaterspezifische Handlungs- und Darstellungsformen in die Gestaltung der virtuellen Räume der digitalen Medien ein (vgl. Pranz 2008). Aus einer theatersoziologischen Perspektive ist an diesem Umstand interessant zu rekonstruieren, ob das Theater und das Theaterspiel tatsächlich einen (expliziten oder impliziten) Gegenpol zu den virtuellen Ausdifferenzierungen des Handelns und des Begegnens bildet, ob das Theaterspiel beispielsweise auch die Funktion der (leiblich basierten) Vergemeinschaftung übernimmt. Anders als z.B. bei Rapp (vgl. Rapp 1993) geht es bei der hier angedachten Konzeption einer Theatersoziologie in erster Linie nicht darum, eine theatersoziologische Perspektive auf einen theatralen oder theaterbezogenen Handlungsbegriff zu reduzieren, Theater dergestalt als Analogie zur menschlichen Lebenswelt zu betrachten. In dieser Perspektive wird das Theater dann nur zu einem Begriffslieferanten und Modell für die soziale Welt („Rolle“, „Vorderbühne“, „Hinterbühne“ usw.) oder einer Konzeptionsfolie. In diesem Zusammenhang wird dann zwangsläufig auf Goffman verwiesen (vgl. Goffman 2003). Als Erklärungsanalogie soll dieser Perspektive gar nicht widersprochen werden, allerdings verliert sich dann das eigentlich Theatersoziologische.[4] So kann beispielsweise die Mediensoziologie auch das Medienhandeln in den Blick nehmen (ohne derweil das Medienhandeln als ein Analogon zu betrachten). Dennoch ist dies nur ein Aspekt, in dem die Mediensoziologie beispielsweise nicht aufgeht. Die konstitutive Kraft der Medien für gesellschaftliche Prozesse, das Eingelassensein der Medien in eine Vielzahl von eben solchen gesellschaftlichen Prozessen, die Rekonstruktion eben dieser und der Wirkung auf Gesellschaft z.B. in Form sich ausgebildeter und weiterhin ausbildender Medienstrukturen (Institutionen, Organisationen, Berufsbildern usw.) sind hier weitere wichtige Perspektiven der Mediensoziologie. Eben solche Sichtweisen fehlen hinsichtlich des Theaters bzw. begrenzen sich entweder auf Begriffsentlehnungen oder die – von der Theaterwissenschaft betriebenen Perspektive – künstlerische und inhaltliche Wandlung. Diese Blickwinkel, das sollte bisher deutlich geworden sein, sollen nicht in Abrede gestellt oder in ihrer Wichtigkeit reduziert werden. Auch ist damit nicht gemeint, dass z.B. die Theaterwissenschaft nicht bereits randständig Theatersoziologie betrieben hätte. Aber es ist maximal eine theaterwissenschaftliche Theatersoziologie, die sich – zurecht – keiner Soziologie verpflichtet sieht, entsprechende Diskurse oder methodische Debatten aufnehmen muss und dergestalt hier und dort eine eigene (theaterwissenschaftliche) Form der Theatersoziologie betreibt. Und diese ist, wie erwähnt, anders konturiert. Eine „Komplizinnenschaft" (Hänzi 2013: 123) von Theatersoziologie und -wissenschaft findet sich in aller erster Hinsicht in werkspezifischen Interpretationen oder Produktionen von Stücken, in denen relevante und aktuelle gesellschaftliche Diskurse behandelt und verhandelt werden.

Ein Beispiel wäre die Diskussion um das Regie-Theater. Tatsächlich kann z.B. der Band von Hänzi *Die Ordnung des Theaters* (vgl. Hänzi 2013) als eine typische theatersoziologische Studie gelesen werden. Daher soll hier auch nicht behauptet werden, dass es noch keine Theatersoziologie gegeben habe. Der Begriff taucht im Verlauf des 20. Jahrhunderts immer wieder auf und findet allgemein immer wieder einmal dann Verwendung, wenn man gesellschaftliche Dimensionen des Theaters und von Literatur bespricht.

Die Theaterwissenschaft, hier sei auf die exzellente Einführung von Fischer-Lichte verwiesen (vgl. Fischer-Lichte 2010), ist selbst eine vergleichsweise junge wissenschaftliche Disziplin, welche sich erst nach einigen Emanzipationsversuchen von der Germanistik lösen konnte und sich auch heute noch vor einer zu textuell am Drama ausgerichteten Seinsweise hüten muss. Die Theaterwissenschaft sieht im Theater nicht nur einen Entwurf bzw. Auswurf eines literarischen Textes. Das Theater wird als Gegenstand der Theaterwissenschaft vielmehr als eine eigene Kunstform verstanden. Und im Begriff der Aufführung sieht Fischer-Lichte den besonderen Gegenstand der Theaterwissenschaft, indem sie sich zugleich von der Germanistik emanzipiert. Die Theatersoziologie wiederum konkurriert hier gerade nicht um diesen Gegenstand mit der Theaterwissenschaft, sondern zielt vielmehr – klassisch soziologisch – auf das Theater als gesellschaftliche Struktur, seine Praktiken und seine institutionelle Verankerung. Dass zudem die inhaltlichen Aspekte des Theaters, die Themen der Aufführungen und ihre gesellschaftlichen Bezüge dann auch ein Überschneidungsfeld bieten, bleibt hier ungenommen und stellt eine Schnittstelle zwischen beiden Disziplinen dar.

Die seit 2008 veröffentlichte Zeitschrift für Literatur- und Theatersoziologie „LiTheS“ bildet ebenfalls keine genuin theatersoziologische Perspektive aus, wenngleich sie einen ersten und wichtigen Versuch darstellt „die bislang verstreuten literatur- und theatersoziologischen Forschungsaktivitäten weltweit“[5] zu dokumentieren. Die im Rahmen des germanistischen Instituts der Universität Graz herausgegebene Zeitschrift fokussiert hier auf „Abhandlungen zu interdisziplinären Schnittstellen im Sinne möglicher Berührungspunkte oder thematischer wie methodologischer Gemeinsamkeiten von soziologischen Denkansätzen einerseits und andererseits den Kulturwissenschaften, den Gender Studies, der Postkolonialen Literaturtheorie, dem Poststrukturalismus u.a.; literatursoziologische und theatersoziologische Fallstudien“.[6] Zweifelsfrei werden hier einzelne, auf historische und kulturwissenschaftlich hin orientierte theatersoziologische Aspekte behandelt, ohne derweil an einer theatersoziologischen Grundierung rückgebunden zu sein bzw. zu werden oder eine theatersoziologische Fundierung hervorzubringen. Dass ein solches Projekt aus einem germanistischen Institut heraus begangen wird, ist mitnichten zu problematisieren, verweist aber gleichzeitig darauf, dass eine Theatersoziologie von der Soziologie allgemein noch übersehen wird.

3. Warum muss es eine Theatersoziologie geben?

Die Grundlegung einer Theatersoziologie folgt keinem Selbstzweck, sondern nimmt aus einer soziologischen Perspektive einen wichtigen Bereich des menschlichen und gesellschaftlichen Lebens in den Blick. Der Bereich des Theaters ist kulturgeschichtlich tief eingelassen in das menschliche Miteinander: das *theatrum mundi* (lat. „Welttheater"), Shakespeares die Welt als Bühne („Die ganze Welt ist Bühne und alle Frauen und Männer bloße Spieler, sie treten auf und gehen wieder ab") oder auch Schillers ästhetische Erziehung des Menschen sind hierfür kurze Beispiele. Und u.a. diesen Aspekten wendet sich ohne Frage die Theaterwissenschaft zu, zu der eine Theatersoziologie gleichwohl eine Reihe von An- wie Abgrenzungspunkten aufweist. Zunächst lässt sich – noch inhaltslos – konstatieren, dass die Kulturwissenschaft die Kultursoziologie, die Literaturwissenschaft die Literatursoziologie, die Medienwissenschaft die Mediensoziologie oder die Kunstwissenschaft die Kunstsoziologie nicht überflüssig gemacht haben (und diese Liste ließe sich nahezu beliebig verlängern). Analog verhält es sich zwischen Theaterwissenschaft und Theatersoziologie. Und natürlich werden und wurden im weitesten Sinne theatersoziologische Untersuchungen betrieben, jedoch ohne dass sie unter diesem Namen firmieren. Aber, und das ist ein erster Aspekt, der andeutet, warum eine dezidierte Theatersoziologie besonders relevant ist, eine methodische und methodologische soziologische Absicherung erfolgt hier nicht.

Die Präferenzen, Kontextualisierungen, ja schließlich die Diskurse, an die es anzudocken gilt, sind keine soziologischen. Am ehesten findet man theatersoziologische Aspekte in der Theater- und Kulturwissenschaft behandelt. Allerdings wird das Theater in der Theaterwissenschaft stärker als genuin eigener Gegenstand betrachtet und immer wieder der Anschluss an die künstlerischen und werkspezifischen Eigenarten gesucht (man denke z.B. an Bertolt Brecht).[7] Dabei kommen ohne Zweifel gesellschaftliche Aspekte in den Blick, auch werden mitunter soziale Praktiken, die theatral kontextualisiert werden, behandelt. Gleichwohl ist der analytische Blick nicht soziologisch grundiert und zielt auch nicht dezidiert auf eine gesellschaftliche Explikation, sondern hebt in erster Linie – wie bereits erwähnt – auf künstlerische, genre- oder werkspezifische Aspekte ab. Wenn in diesem Rahmen dann theatersoziologisch relevante Aspekte anfallen, werden diese entweder nicht als solche konzeptualisiert oder verlieren sich unter der meist eigentlichen werkspezifischen, historischen oder künstlerisch inspirierten Darstellungsweise.
Überdies, und das wurde bereits erwähnt, haben sich heute mannigfache Figurationen gebildet, die Theater in ganz unterschiedlichen Formen stattfinden lassen. Das leitet über zu der Frage, was denn genau dasjenige sei, was die Theatersoziologie untersucht, das andere Disziplinen nicht oder nur unzureichend untersuchen.

4. Was sind daran anschließend mögliche Forschungsdesiderate theatersoziologischer Forschung?[8]

Für die Theatersoziologie eröffnen sich aufgrund ihrer Neuheit, die sich mehr aus einer Wiederentdeckung und Neupointierung ergibt, ganz unterschiedliche Forschungsdesiderate, von denen bereits einige angedeutet wurden. Zu nennen sind u.a.:

- Die grundlagentheoretische Arbeit für die weitere Ausarbeitung eines Profils der Theatersoziologie und die daran anschließende Formulierung eines Forschungsprofils.

- Die systematische Erarbeitung einer Übersicht theatersoziologischer Arbeiten und Studien in anderen Disziplinen, die dort mangels fehlender Begrifflichkeit verortet und kontextualisiert wurden.
- Empirische Untersuchungen zur freien Theaterszene, des Theaters als Lebens- und Berufsentwurf. Gemeint sind hier beispielsweise freie TheaterpädagogInnen, Theaterprojekte und freie Theaterschulen, die abseits der großen Theater auf lokaler und regionaler Ebene Kurse, Seminare oder Aufführungen anbieten. Diese lassen sich als Ausdruck sozialer, gesellschaftlicher und kultureller Bewegungen fassen.
- Ein weiterer, bisher qualitativ kaum beleuchteter Aspekt in der soziologischen Forschung sind die vielfältigen Berufe im Feld des Theaters und das Theater als Arbeitgeber.
- Die Einbindung des Theaters und Theaterspiels in soziale Kontexte (z.B. Kindergärten, Schule, Krankenhaus, Senioren- und Pflegeheime).

Wenn man in der Literatursoziologie vom Literaturbetrieb spricht, dann sind z.B. die Produktion (Autoren, Druckereien und Verlage), die Distribution (Buchhändler, Zwischenhändler, Grossisten) und die Rezeption (LeserInnen) gemeint und die damit einhergehenden diskursiven und strukturellen Auswirkungen auf die Gesellschaft. Analog dazu meint der Theaterbetrieb dann nicht nur den Betrieb, der sich im und um einen geographisch bestimmbaren Ort Theater abspielt, sondern die daran an- und abgekoppelten Praktiken und strukturellen Verankerungen in einer Gesellschaft, d.h. – mit einer systemtheoretischen Entlehnung – das soziale System Theater. In diesem Sinne ist eine Theatersoziologie sowohl theoretisch als auch empirisch ausgerichtet. Methodisch und methodologisch kann die Theatersoziologie auf die Methodenvielfalt der empirischen Sozialforschung zurückgreifen (z.B. Grounded Theory, Diskursanalyse, Ethnographie, aber auch statistische Verfahren). Fachinterne Anknüpfungspunkte findet sie unter anderem in der Wissens-, Bildungs-, Kultur- und in einigen Teilen der Mediensoziologie sowie hinsichtlich angrenzender Fächer in den Cultural Studies, der Theater- und Kulturwissenschaft.

5. Zielvorstellung: Was will das Unterfangen *Theatersoziologie – Eine Grundlegung* leisten?

Auf der Basis dieser kurzen Skizze will das hier vorgeschlagene Projekt die Theatersoziologie als ein „neues" soziologisches Forschungsfeld anstoßen. Dabei sollen ihr Gegenstand deutlich bestimmt, ihre Relevanz begründet, Anknüpfungs- und Abgrenzungspunkte zu anderen soziologischen (Teil-)Feldern bestimmt und erste Projektvorschläge erarbeitet werden. Das Neue ist der genuin soziologische Blick auf das Theater, auf seine vorhandenen, sich neu bildenden und auch verschwindenden Strukturen in der Gesellschaft, auf seine gesellschaftlichen Wirkungen und Praktiken, auf seine Systematik und mithin auch auf seine Bedeutung. Theater wird in diesem Sinne eben nicht nur als ein Handlungsrahmen, Strukturmodell, Vorlagengeber für Begriffskonzeptionen oder eine Beispielfiguration verstanden, mit der sich Handlungen, Alltagserfahrung oder Gruppeninteraktionen beschreiben lassen, sondern als eine Entität, die in der Gesellschaft vorhanden ist, über die gesprochen und durch die gehandelt wird, mit der und durch die mithin auch Gemeinschaft und Gesellschaft hervorgebracht wird.
Daran anschließend können dann Möglichkeiten zu interdisziplinären Anknüpfungspunkten gesucht werden. In praktischer Hinsicht sollen soziologische Arbeiten zum und über das Theater entstehen können, die als Theatersoziologie sichtbar sind, um so auch in fachspezifischer Hinsicht erkennbar zu werden.

Anmerkungen

[1] Die sog. Einführung von Rapp ist eine solche letztlich nur bedingt bzw. nicht, sondern mehr eine synoptische Beschau einzelner Konvergenzen zwischen Theater und soziologischer Analyse und Analogien, wie man sie z.B. bei Goffman findet, der bekanntlich mithilfe der Theatermethaper („Wir alle spielen Theater") menschliches Handeln dechiffriert. Vgl. Rapp, Uri (1993).

[2] Vgl. unter Bund Deutscher Amateurtheater, http://www.bdat.info/cms/front_content.php?idart=43&idcat=52 [10.11.15].

[3] Vgl. Deutscher Bühnenverein, http://www.buehnenverein.de/de/theater-und-orchester/theater-und-orchesterlandschaft.html [10.11.15].

[4] Man könnte dies z.B. auch mit einer Reihe von nautischen Begriffen und daraus abgeleiteten Sprachbildern tun: Vor Anker gehen oder den Anker werfen, seinem inneren Kompass vertrauen, in See zu stechen, derzeit eine Flaute erleben, den Kurs halten usw. usf.

[5] http://lithes.uni-graz.at/ziele.html [27.12.15].

[6] Ebd. [27.12.15].

[7] Vgl. z.B. die sehr gute Einführung von Fischer-Lichte, Erika (2009).

[8] Die nachfolgend genannten Beispiele sollen nicht als abschließend, sondern beispielhaft verstanden werden.

Literatur

Fischer-Lichte, Erika (2010): Theaterwissenschaft. Eine Einführung in die Grundlagen des Faches. A. Francke Verlag (UTB), Tübingen, Basel.

Goffman, Erving (2003): Wir alle spielen Theater. Die Selbstdarstellung im Alltag. Pieper, München.

Hänzi, Denis (2013): Die Ordnung des Theaters. Eine Soziologie der Regie. transcript, Bielefeld.

Heinze, Thomas (1973): Theater zwischen Wirklichkeit und Möglichkeit. Theorie und Praxis sozialwissenschaftlicher Theaterforschung – dargestellt am Beispiel einer Expertenbefragung in Berlin. Böhlau Verlag, Köln.

Kneer, Georg, Schroer, Markus (2010) (Hrsg.): Handbuch Spezielle Soziologien. VS Verlag, Wiesbaden.

LiTheS. Zeitschrift für Literatur- und Theatersoziologie. Herausgegeben von Beatrix Müller-Kampel, Helmut Kuzmics (2008–2013) und Marion Linhardt (seit 2013), Germanistik der Universität Graz.

Pranz, Sebastian (2009): Theatralität digitaler Medien. Eine wissenssoziologische Betrachtung medialisierten Alltagshandelns. VS Verlag, Wiesbaden.

Rapp, Uri (1993): Rolle, Interaktion, Spiel: Eine Einführung in die Theatersoziologie. Wien, Böhlau.

Heine – Werther – Goethe

Von der Missachtung und Kritik zu einem poetischen Leben

Einleitung

Goethes *Werther* ist nicht nur ein Briefroman, sondern zugleich ein anschauliches Beispiel dafür, wie ein Stück Lektüre fast paradigmatisch zu einem Bühnenstück durch die Zeit wurde. Zeitlos ist das Thema der unerfüllten *Liebe*, auch und besonders in den jungen Jahren des Lebens. So wie der *Werther* auf die Jugend der damaligen Zeit (*Werther* entstand im Jahre 1774) wirkte, wirkt er heute zwar nicht mehr, dennoch berührt sein Thema der unerfüllten Liebe nach wie vor. Besonders in den Bühnenfassungen und Inszenierungen lassen sich – aktualisiert – die Fragen aufwerfen, wie man leben will, wie man der Gleichgültigkeit der Zeit und der Menschen begegnet, ob man anecken oder sich anpassen soll. Die Frage nach echter Liebe, Maßlosigkeit, nach tiefer Anerkennung und brennender Emotionalität lassen aus dem Briefroman anschauliche Aufführungen werden. Auch heute noch werden der *Werther* und seine Leiden aufgeführt, so z.B. am Essener Schauspielhaus in der Spielzeit 2015/16 oder dem Schauspiel Stuttgart 2015. Immer geht es auch darum, die innere Zerrissenheit und die maßlose Leidenschaft darzubieten, die Werther schlussendlich den Freitod wählen lässt. Goethes *Werther* bietet nun – sozusagen als Brückenkopf – sowohl inhaltlich wie auch in seiner literarischen Stellung als ein Werk des *Sturm und Drang* eine Hintergrundfolie zu Heinrich Heines Goetheverehrung und -ablehnung, die sich in dem Wunsch Heines manifestiert, von Goethe anerkannt zu werden. Der folgende Beitrag möchte daher mit dem *Werther* als emotionale, philosophische und weltanschauliche Hintergrundfolie die Goetheverehrung und mehr noch die -ablehnung und Kritik Hein-

rich Heines nachzeichnen, die sich auch aus der *Missachtung* Goethes speiste.
Das Theater ist wie auch die Schriftstellerei bzw. Literatur oder die Philosophie Teil eines poetischen Lebens. Und ein poetisches Leben wird an dem Verhältnis von Heine zu Goethe in seiner Tiefe sichtbar. Der nachfolgende Beitrag hebt allerdings stärker auf literaturwissenschaftliche und philosophische Aspekte ab, die gleichwohl auf das Theater übertragbar sind. Es ist die *Kritik* oder die Unmöglichkeit einer *echten Begegnung*, die zur *Krise* führen und dann weitergehen kann in Richtung einer persönlichen Erneuerung und progressiven Entwicklung – oder den *Tod.*

Heines Goethebild

Die Herausbildung eines eigenen Goethebildes war bei Heine ein wesentlicher Bestandteil einer entscheidenden Periode seiner künstlerischen Entwicklung. In Heines Goethebild spielten nicht nur literarische, sondern auch philosophische und weltanschauliche Aspekte eine wichtige Rolle. Heines frühe künstlerische Entwicklung war stark beeinflusst von Goethe und das ist kein Zufall. Schon seine Mutter war eine große Verehrerin des Dichters. Und auch alle anderen äußeren Einflüsse verweisen auf Goethe. Nachdem Heine wegen eines Duells der Universität Göttingen zeitweise verwiesen wurde, ging er im Jahre 1821 nach Berlin und fand dort Anschluss an verschiedene literarische Kreise. Besonders Karl August und Rahel Varnhagen von Ense nahmen sich seiner an. Sie beide waren große Goetheverehrer. Durch sie wurde er angehalten bzw. angeregt, sich eingehender und intensiver mit Goethe auseinanderzusetzen. Dass Heine jedoch von den Varnhagens zu Goethe bekehrt wurde, wird unter anderem von Hermand[1] angezweifelt, auch wenn man zweifellos davon ausgehen kann, dass der Kreis um Varnhagen bemüht war, Heine zu einem besseren Verständnis von Goethes Werk zu führen. Ulrich Maché hingegen ist hier ganz anderer Meinung. Er sieht in dieser Vermutung ein

Versehen vieler Arbeiten über Heines Verhältnis zu Goethe. Er glaubt, dass die Annahme einer zu starken Neigung des jungen Heine zu Goethe und seine gute Kenntnis des Goetheschen Werkes grundlegende Fehler sind, da es keine Briefe oder andere Aufzeichnungen gibt, die darauf hinweisen, dass Heine Goethe schon Mitte der zwanziger Jahre gelesen hat.[2] Doch schon Heines Schriften und Briefe, die aus der Zeit stammen bevor er nach Berlin ging, weisen auf eine Vertrautheit mit den Werken Goethes hin, was nicht verwunderlich erscheint, wenn wir bedenken, dass Heines Mutter eine große Goetheverehrerin war und er durch sie auf einige Werke aufmerksam wurde. Auch die Ambivalenz seines Urteils über Goethe scheint bereits früh ausgeprägt gewesen zu sein. In seinen *Briefen aus Berlin*, die als Erstdruck zunächst im Rheinisch-Westfälischen Anzeiger im Monat Februar bzw. März 1822 unter einem Pseudonym erschienen, heißt es: „Wo sind endlich unsre großen Dichter selbst? Still, still, das ist eine partie honteuse. Ich will nicht ungerecht sein und hier unerwähnt lassen die Verehrung, die man hier dem Namen Goethe zollt – der deutsche Dichter, von dem man hier am meisten spricht. Aber, Hand aufs Herz, mag das feine, weltkluge Betragen unseres Goethe nicht das meiste dazu beigetragen haben, daß seine äußere Stellung so glänzend ist und dass er in so hohem Maße die Affektion unserer Großen genießt? Fern sei es von mir, den alten Herrn eines kleinlichen Charakters zu zeihen. Goethe ist ein großer Mann in einem seidnen Rock."[3] Dieser Brief stammt gerade aus der Zeit, in der Heine im Hause Varnhagen verkehrte, dem Mittelpunkt des Berliner Goethekults. Heine verstand sich als ein Mann einer neuen Generation, er formuliert hier jedoch nur ein vorsichtiges Unbehagen. Interessanter ist, dass sich an dieser Stelle bereits eine Andeutung für einen Vorwurf findet, den er erst in späteren Jahren deutlicher herausarbeitete. Es geht um den Vorwurf an Goethe, dass er sich passiv gegenüber den Fragen der Zeit verhält und soziale Missstände nicht aufzeigt und anprangert, obgleich Heine auch (an)erkannte, dass Goethe nur deshalb zu solcher Kunsthöhe, die Heine ihm ohne weiteres zugestand, gelangen konnte, weil er es ablehnte, die Last der Zeitprobleme tragen zu helfen.[4] Dieser Aspekt ist zumindest ein weiteres Indiz dafür, dass Heine ein breites Spektrum an eigenen Gedanken und Überzeugungen in Bezug auf Goethe besaß.

Heine sollte 1823 einen eigenen Aufsatz über Goethe verfassen, der in einer Sammlung zeitgenössischer Urteile über Goethe aufgenommen werden sollte, die Varnhagen anlässlich des 74. Geburtstages des Dichters veröffentlichen wollte. Dieser Aufsatz wurde abgelehnt. Als Begründung galt Heines zu späte Einsendung des Skriptes. Heine äußerte aber in einem Brief an Moses Moser vom 23. August aus Ritzebüttel die Vermutung, dass der Aufsatz Varnhagen nicht gefallen habe: „Mein Aufsatz über Goethe ist nicht gedruckt, Varnhagen sagt, er sei zu spät gekommen, ich glaube aber, er hat ihm nicht gefallen. Wenn er wirklich schlecht ist, so kommt das von Deinen Ideen, die darin sind. Wirklich, meine Aufsätze werden immer schlecht, wenn eine vernünftige Idee darin ist."[5]

Die Ablehnung seines Skriptes führte zu einer vorübergehenden Abkühlung zwischen den beiden Männern. Aber schon drei Monate später versuchte Heine die Unstimmigkeiten zwischen ihm und Varnhagen auszuräumen, indem er angab, sich einerseits Rahel Varnhagen zuliebe mit Goethe zu beschäftigen, andererseits die Hilfe Herr Varnhagens hervorhob und seine Arbeit über Goethe lobte. Zunächst schrieb er am 27. November 1823 aus Lüneburg an Ludwig Robert: „Und, lieber Robert, Sie können kaum glauben, wie artig ich mich jetzt gegen Frau von Varnhagen betrage – ich habe jetzt, bis auf eine Kleinigkeit, den ganzen Goethe gelesen!!! Ich bin jetzt kein blinder Heide mehr, sondern ein sehender. Goethe gefällt mir sehr gut. [...] ohne falsch zu sein, könnte ich Herrn von Varnhagen nicht unerwähnt lassen. Dieser Mann hat mir viel Gutes und Liebes erwiesen, mehr, als ich ihm je danken kann, und ich werde gewiss lebenslänglich gegen ihn dankbar sein; [...] Varnhagens Zusammenstellung über Goethe hab ich zu Gesicht bekommen; es ist ein literarischer Triumphbogen."[6] Gerade dieses Briefzitat galt oft als Beleg dafür, Heine sei zu Goethe bekehrt worden. Der Grund hierfür liegt wohl auch darin, dass verschiedene Aspekte des Briefes zu vordergründig betrachtet wurden. Seine angebliche Goethebeschäftigung und sein Gefallen daran sind vielmehr als Versöhnungsgeste in Bezug zu den Varnhagens zu sehen. Man sollte nicht vergessen, von welcher entscheidenden Bedeutung das Verhältnis zu den Varnhagens für Heine war. Ebenso darf man nicht außer Acht lassen, dass Heine sich in dieser Zeit noch nicht in einer finanziell sorglosen und literarisch anerkannten Position befand. Das war ein Grund, warum er sich mit öffentlicher Kritik an Goethe zurückhielt. Er wollte zudem vermeiden, von der falschen Seite Beifall zu bekommen und mit Goethegegnern verwechselt zu werden, die Goethe vom moralischen oder burschenschaftlich-nationalen Standpunkt aus angriffen. Er verkehrte privat mit sehr vielen Goetheverehrern und Anhängern, darunter Freunde und Gönner. Eine Herabsetzung Goethes wäre einer Beleidigung dieser Menschen gleichgekommen. Bei einer öffentlichen Kritik an Goethe hätte er dergestalt einen großen Teil seines sozialen Umfeldes verloren. Gerade Varnhagen von Ense galt als sein Mentor und Förderer, indem er seine Frühwerke mit vorteilhaften Rezensionen begrüßte.[7] So lässt Heine in einem Brief an Christiani vom 29. Februar 1824 durchblicken, dass ihm diese Beziehung im Hinblick eines Karrierenutzens wichtig ist: „Ich muß einigen Menschen, von denen meine künftige Stellung abhängt, wieder mahl den Hof machen"[8] Weiterhin kann man sehr wohl der Auffassung sein, dass das weiter oben genannte Zitat Einiges an ironischen Zügen aufweist. Ein nüchternes „Goethe gefällt mir sehr gut" deckt sich kaum mit der sonst überschwänglichen und überbetonten Art, mit der sich Heine gewöhnlich über Werke anderer Dichter und Schreiber äußerte, auch wenn diese über Goethe schrieben.[9] Eine versteckte und intelligente Art der Kritik kann man in der Äußerung „Ich bin jetzt kein blinder Heide mehr, sondern ein sehender" ausmachen, obwohl man auf den ersten Blick diesen Ausspruch als eine besondere Würdigung und Auszeichnung interpretieren könnte. Wenn man aber bedenkt, dass Goethe auch schon zu dieser Zeit in Deutschland den Beinamen „Der große Heide" hatte[10], kann man die Aussage „Ich bin jetzt kein blinder Heide mehr, sondern ein sehender" übersetzten in „Ich bin kein blinder Goetheanhänger, wie ihr anderen, sondern ich habe Goethe erkannt." Den Beinamen „Der große Heide" erwarb sich Goethe durch seine pantheistische Weltsicht. Auch Heine verstand sich als Pantheist, aber im Gegensatz zu Goethes pantheistischer Weltanschauung führte Heines Vorstellung nicht zum Indifferentismus. Dieser sollte später einer der größten Vorwürfe Heines an Goethe werden.

Im April 1823 schickte Heine Goethe mit der höchsten Verehrung seine Werke *Ratcliff* und *Almansor*.[11] Mitte September 1824 begann Heine mit einer Fußreise durch den Harz, und am 2. Oktober 1824 besuchte er Goethe in Weimar. Wie alle Fremden hatte er sich mit einem Brief bei Goethe eingeführt:

„Ew. Exzellenz bitte ich, mir das Glück zu gewähren, einige Minuten vor Ihnen zu stehen. Ich will gar nicht beschwerlich fallen, will nur Ihre Hand küssen und wieder fortgehen. Ich heiße H. Heine, bin Rheinländer, verweile seit kurzem in Göttingen und lebte vorher einige Jahre in Berlin, wo ich mit mehreren Ihrer alten Bekannten und Verehrer (dem seligen Wolf, Varnhagen etc.) umging und Sie täglich mehr lieben lernte. Ich bin auch ein Poet und war so frei, Ihnen vor drei Jahren meine ‚Gedichte' und vor anderthalb Jahren meine ‚Tragödien nebst einem lyrischen Intermezzo' (‚Ratcliff' und ‚Almansor') zuzusenden."[12]

Aber die Bücher die er Goethe geschickt hatte, schien dieser offenbar nicht gelesen zu haben. Der Besuch missglückte und war kein Wendepunkt in seiner Beziehung zu Goethe. Es brach nun aus, was schon lange latent vorhanden war. Heine missfiel, dass Goethe ihn

wie einen Studenten behandelte und nicht wie einen Dichter, da er sich über die Phase des Studenten in seinem Leben schon längst erhaben fühlte. Sein Versuch, sich zu emanzipieren, zeigte sich nicht zuletzt darin, dass er die Absicht äußerte, einen *Faust* zu schreiben. Er wollte damit zwar nicht mit Goethe rivalisieren, aber sein *Faust* sollte das genaue Gegenteil zum Goetheschen sein.[13] Missgestimmt von Goethes Teilnahmslosigkeit gegenüber ihm reiste Heine zurück nach Göttingen. In einem Brief von Ludwig Spittas an Adolf Peters ging dieser hierauf ein: „Als er [Heine] die hernach von ihm beschriebene Harzreise im Sommer 1824 machte, besuchte er auch Goethe in Weimar und ließ hernach bei seiner Rückkehr nach Göttingen den ihn einholenden Commilitonen gegenüber ganz unverholen seinen Verdruß darüber freien Lauf, daß Se. Exzellenz ihn eigentlich ungebührlich kalt empfangen habe. Er fühlte sich eben in seinem Dichterstolz gekränkt und hatte mehr erwartet."[14]
Heine selbst hatte lange gewartet bis er sich zu anderen Menschen öffentlich über seinen Besuch bei Goethe in Weimar äußerte. Interessant ist, dass Heine in einem Brief an Moses Moser vom 25. Oktober 1824 nur versteckt auf den Besuch in Weimar einging. Er schrieb: „Ich war in Weimar; es gibt dort sehr gutes Bier."[15] Hier zeigt sich eine ähnliche Ironie, wie in der Zusammenstellung der Göttinger Würste mit der Göttinger Universität in der Harzreise.[16] Wenn Heine etwas verschwieg oder mit Witzen umspielte, verbarg sich dahinter immer auch Enttäuschung und Verletzbarkeit. Erst nach ungefähr sechs Monaten beschrieb er den Goethebesuch in einem Brief an Rudolf Christiani vom 26. Mai 1825; und in diesem reihen sich eine Vielzahl von Ansichten Heines über Goethe aneinander:

„Den Herbst machte ich eine Fußreise nach dem Harz, den ich die Kreuz und Quer durchstreifte, besuchte den Brocken sowie auch Goethe auf meiner Rückreise über Weimar. [...] Über Goethes Aussehen erschrak ich bis in tiefster Seele, das Gesicht gelb und mumienhaft, der zahnlose Mund in ängstlicher Bewegung, die ganze Gestalt ein Bild menschlicher Hinfälligkeit. Vielleicht Folge seiner letzten Krankheit. Nur sein Auge war klar und glänzend. Dieses Auge ist die einzige Merkwürdigkeit, die Weimar jetzt besitzt. [...] In vielen Zügen erkannte ich den Goethe, dem das Leben, die Verschönerung und Erhaltung desselben, so wie das eigentlich Praktische überhaupt, das Höchste ist. Da fühlte ich erst ganz klar den Kontrast dieser Natur mit der meinigen, welcher alles Praktische unerquicklich ist, die das Leben im Grunde geringschätzt und es trotzig hingeben möchte für die Idee. [...] Jetzt weiß ich es auch ganz genau, warum die Goethischen Schriften im Grunde meiner Seele mich immer abstießen, so sehr ich sie in poetischer Hinsicht verehrte [...] Ich liege also in wahrhaftem Kriege mit Goethe und seinen Schriften [...] Doch sein Sie unbesorgt, guter Christiani, diese Kriege werden sich nie äußerlich zeigen, ich werde immer zum Goethischen Freikorps gehören, [...]".[17]

Heine gestand hier ein, dass er Goethe in poetischer Hinsicht verehrte, aber auch, dass er den Menschen Goethe nicht schätzte. Seine grundlegende Kritik am Menschen Goethe beschaut das nächste Kapitel.

Heines grundlegende Kritik an Goethe

Goethes Stellung im damaligen literarischen Leben war so übermächtig, dass viele sich berufen fühlten, ihn abzuweisen. Er war für alle Schriftsteller dieser Zeit ein großes *Problem*. Es schien fast so als gäbe es keine Möglichkeit ohne Goethes Anerkennung und Zustimmung ein anerkannter Schriftsteller zu werden. Auch Heine kannte diesen Zwiespalt. Einerseits lehnte er Goethe ab, andererseits wünschte er sich Anerkennung von dem Großen aus Weimar. Da diese ihm vorenthalten blieb, war seine Ablehnung um so größer. Und sein starker Zorn richtete sich auf die Repräsentanz und Einflussnahme Goethes in Bezug auf die literarische Entwicklung Deutschlands.

Die Angriffe der Goethegegner der jüngeren Generation richteten sich weniger gegen den Verfasser des *Götz* oder des *Werthers*, sondern auf den Repräsentanten einer zu Ende gehenden Literaturepoche. Heine spöttelte später in der *romantischen Schule*: „Goethe glich jenem Ludwig XI., der den hohen Adel unterdrückte und den tiers état emporhob. Das war widerwärtig, Goethe hatte Angst vor jedem selbständigen Originalschriftsteller und lob und pries alle unbedeutende Kleingeister; ja er trieb dieses so weit, daß es endlich für ein Brevet der Mittelmäßigkeit galt, von Goethe gelobt worden zu sein."[18]

Heine hatte in Bezug zu Goethe eine völlig konträre Auffassung von der Aufgabe, die ein Dichter bzw. ein Schriftsteller zu erfüllen habe. Für ihn galt es als notwendig, dass jeder Schriftsteller sich mit seiner gesellschaftlichen Wirkungsmöglichkeit auseinandersetzen müsse. Er wies den Dichter auf die zeitgeschichtliche Verpflichtung hin, sich in den Dienst des politisch-gesellschaftlichen Fortschritts, d.h. der Emanzipation der Menschen zu stellen. 1829 schrieb er: „Was ist aber die große Aufgabe unserer Zeit? Es ist die Emanzipation. [...], sondern es ist die Emanzipation der ganzen Welt, aber sonderlich Europas, das mündig geworden ist und sich jetzt losreißt von dem eisernen Gängelbande der Bevorrechteten, der Aristokratie."[19]

Als Beispiel galt ihm hierfür interessanterweise Goethes *Werther*. In diesem wurde Goethe den postulierten Aufgaben gerecht. Heine schätzte deshalb den jungen Goethe, den Dichter des *Werthers*, den alten Goethe jedoch lehnte er ab. Dieser stand einer neuen Zeit und einer Zeit der Begeisterung und der Tat im Wege. Goethe war für Heine das große „Zeitablehnungsgenie", und Heine sah zwischen den großen künstlerischen Leistungen der klassischen Periode und den sozialen Anforderungen der neuen Zeit einen großen Widerspruch. In einem Brief vom 28. Februar 1830 an August Varnhagen von Ense schreibt er:

„Ich lese jetzt den vierten Band von Goethes und Schillers Briefwechsel, und wie gewöhnlich mache ich Stilbeobachtungen. Da finde ich wieder, daß sie nur mit dem frühesten Goethe, mit dem Werther=Goethe, Ähnlichkeit im Stil haben; Ihnen fehlt ganz die spätere Kunstbehaglichkeit des großen Zeitablehnungsgenies",[20]

Er tat sich schwer damit, eine Übereinstimmung von Leben und Werk bei Goethe zu finden, wie er es bei seinem großen Vorbild Lessing fand. Er kritisierte Goethe, dass dieser nicht bereit war, sich für eine Idee aufzuopfern. Er schrieb dazu in einem Brief an Moses Moser vom 1. Juli 1825:

„Das ich Dir von Goethe nichts geschrieben und wie ich ihn in Weimar gesprochen und wie er mir recht viel Freundliches und Herablassendes gesagt, daran hast Du nichts verloren. Er ist nur noch das Gebäude, worin einst Herrliches geblüht, und nur das war´s, was mich an ihm interessierte. Er hat ein wehmütiges Gefühl in mir geregt, und er ist mir lieber geworden, seit ich ihn bemitleide. Im Grunde aber sind ich und Goethe zwei Naturen, die sich in ihrer Heterogenität abstoßen müssen. Er ist von Haus aus ein leichter Lebemensch, dem der Lebensgenuß das Höchste und der das Leben für und in der Idee wohl zuweilen fühlt und ahnt und in Gedichten ausspricht, aber nie tief begriffen und noch weniger gelebt hat. Ich hingegen bin von Haus aus ein Schwärmer, [...] denn es ist noch die große Frage, ob der Schwärmer, der selbst sein Leben für die Idee hingibt, nicht in einem Momente mehr und glücklicher lebt als Herr von Goethe während seines ganzen sechsundsiebzigjährigen egoistischen Lebens."[21]

Es muss gleichwohl betont werden, dass Heine zwar zu den Unzufriedenen, jedoch nicht zu den revolutionären Goethegegnern zählte, wie beispielsweise Menzel oder Börne. Heines Goethekritik war sicherlich von diesen beeinflusst, aber diese nur auf die Einflussnahme Menzels und Börnes, die schärfsten Goethegegner der zwanziger

und dreißiger Jahre des 19. Jahrhunderts, zurückführen zu wollen, wie beispielsweise bei Loewenthal[22], greift gewiss zu kurz.
Menzel, der Stuttgarter Literaturpapst, wurde von seinen politischen und ideologischen Ansichten und Werturteilen in der Beurteilung der deutschen Literatur bestimmt. Seine ganze Kritik war primär polemisch und negativ und er kam wenig über seine Anfänge als Teutschtümler und Burschenschaftler hinaus. Menzel sprach Goethe jedes Genie ab und gestand ihm höchstens ein Talent zu. Er sah Goethe als Modedichter und zeigte kein Verständnis Goethe und seinem Werk gerecht werden zu wollen. Später sprach er Goethe sogar jede Erfindungsgabe ab und verurteilte seine Hauptwerke als schlechte Kopien verschiedener deutscher und ausländischer Vorbilder. So sei der *Werther* nur eine Nachahmung der *Neuen Heloíse* Rousseaus, der *Clavigo* eine Kopie der *Emilia Galotti* Lessings und der *Götz* verdanke seine Schönheit der Selbstbiographie des Ritters.[23] Heine versah einmal diesen Standpunkt Menzels mit beißendem Spott, indem er schrieb: „Wir glauben, die Menzelsche Lehre: ‚Goethe sei kein Genie, sondern ein Talent', wird nur bei wenigen Eingang finden, und selbst diese wenigen werden doch zugeben, daß Goethe dann und wann das Talent hat, ein Genie zu sein"[24] Auch später betonte Heine in seiner *Romantischen Schule*, dass er sich zwar als Goethegegner sah, aber die Art und Weise wie Menzel diese Kritik vorbrachte, für ihn nicht hinnehmbar sei: „Obgleich ich selber damals ein Gegner Goethes war, so war ich doch unzufrieden über die Herbheit, womit Herr Menzel ihn kritisierte, und ich beklagte diesen Mangel an Pietät. Ich bemerkte, Goethe sei doch immer der König unserer Literatur; wenn man an einen solchen das kritische Messer lege, müsse man es nie an der gebührenden Courtoisie fehlen lassen, [...]".[25] Inhaltliche Übereinstimmungen in der Goethekritik fanden sich zwischen Menzel und Heine kaum.
Mit Börne fanden sich mehr Übereinstimmungen, da er Goethe etwas differenzierter sah als Menzel; aber auch er verblieb hinter seiner vor-

gefassten Meinungen. Börne brachte durchaus ein Verständnis für die Größe Goethes mit und er schätzte ihn zum Teil auch als Dichter. Seine Kritik war, ähnlich wie bei Heine, gegen Goethes Aristokratismus gerichtet. Börne griff ihn, anders als Menzel, aus unterschiedlichen Positionen an. Ihm ging es nicht um die Teutschtümelei Menzels, sondern um seinen eigenen radikalen Liberalismus. Börnes Ansicht von der besonderen Funktion der Literatur war die der politisierenden Dichtung. Er sah in Goethe den Mächtigen, der es versäumt bzw. unterlassen hatte, seine Macht im Dienste der Freiheit und des Fortschritts einzusetzen. Er war gegen seine Politiklosigkeit. Über die Dichtung Goethes äußerte er sich selten. Aber Goethes Werke aus der vorweimarer Zeit, d.h. den *Werther,* den *Götz,* und *Egmont*, sah er stellvertretend für den jungen Goethe und fand sich mit diesem in Übereinstimmung, da hier sozialpolitische Probleme behandelt wurden. Es zeigen sich hier einige Überschneidungen mit Heines Ansichten über Goethe und man kann sagen, dass Heine sehr wohl einer zeitweisen Beeinflussung Börnes unterlag. Heines Goethekritik wurde jedoch im Laufe seines Lebens immer *objektiver* und differenzierter. Sie stellte eine Entwicklungslinie dar, von der Subjektivität ausgehend, fortschreitend zur Objektivität.[26]

Heine lehnte den alten Goethe ab, den Menschen, den „Aristokratenknecht".[27] Im Gegensatz zu Börne, Menzel und anderen Goethegegnern versuchte Heine Goethe differenziert zu sehen. Er war bestrebt zwischen der künstlerischen Leistung Goethes und seiner politischen Haltung zu unterscheiden. Seine Hauptkritik zielte in den folgenden Jahren immer mehr auf Goethes politische Haltung, die er als *Indifferentismus* bezeichnete und der einer politischen Regeneration Deutschlands entgegenstand. Diese Haltung Goethes folgerte er aus seinem von Spinoza beeinflussten Pantheismus. Er schrieb über Goethes Verhältnis zu Spinoza: „Goethe war der Spinoza der Poesie. Alle Gedichte Goethes sind durchdrungen von demselben Geiste, der uns auch in den Schriften des Spinoza anweht. Daß Goethe gänzlich der Lehre des Spinoza huldigte, ist keinem Zweifel unterworfen."[28]

Im Pantheismus sind Gott und die gesamte Welt eins, d.h. es herrscht die ontologische Gleichheit oder Einheit von Gott und Welt und damit die Harmonie und Endgültigkeit des Bestehenden. Wenn aber dem so ist, folgerte Heine, wenn die Welt und der Mensch göttlich sind, so müsste man im Grunde genommen nichts in der Welt verändern; wenn alles Gott ist, wäre es egal, womit man sich beschäftigt. Die bestehenden (sozialen) Verhältnisse schienen also nicht falsch oder veränderungswürdig. Somit macht der Pantheismus aus den Menschen häufig Indifferentisten.

Heine, selbst Pantheist und beeinflusst durch Spinoza, überwand diesen Widerspruch, indem er anknüpfend an den Ideen Herders und unter dem Einfluss des Saint-Simonismus erklärte:

„Es ist leider wahr, wir müssen es eingestehn, nicht selten hat der Pantheismus die Menschen zu Indifferentisten gemacht. Sie dachten: Wenn alles Gott ist, so mag es gleichgültig sein, womit man sich beschäftigt, ob mit Wolken oder mit antiken Gemmen, ob mit Volksliedern oder mit Affenknochen, ob mit Menschen oder mit Komödianten. Aber da ist eben der Irrtum: Alles ist nicht Gott, sondern Gott ist alles; Gott manifestiert sich nicht in gleichem Maße in allen Dingen, er manifestiert sich vielmehr nach verschiedenen Graden in den verschiedenen Dingen, und jedes trägt in sich den Drang, einen höheren Grad der Göttlichkeit zu erlangen; und das ist das große Gesetz des Fortschrittes in der Natur. Die Erkenntnis dieses Gesetzes, das am tiefsinnigsten von den Saint-Simonisten offenbart worden, macht jetzt den Pantheismus zu einer Weltsicht, die durchaus nicht zum Indifferentismus führt, sondern zum aufopferungsüchtigsten Fortstreben. Nein, Gott manifestiert sich nicht gleichmäßig in allen Dingen, wie Wolfgang Goethe glaubte, der dadurch ein Indifferentist wurde und, statt mit den höchsten Menschheitsinteressen, sich nur mit Kunstspielsachen, Anatomie, Farbenlehre, Pflanzenkunde und Wolkenbeobachtung beschäftigte: Gott manifestiert sich in den Dingen mehr oder minder, er lebt in dieser beständigen Manifestation."[29]

Auch Heines Indifferentismusbegriff unterlag einer Wandlung. Zuerst verstand er darunter eine Art Gleichmut und Gleichgültigkeit, als Gegenbegriff zu Leidenschaft und Begeisterung. Später veränderte sich der Begriff mehr in Richtung einer weltanschaulichen und politischen Position. Der Indifferentismusbegriff diente nun zur Charakterisierung eines gesellschaftlichen Zustandes.

Heine kritisierte Goethe nicht nur für seinen Indifferentismus, sondern auch die daraus entstandene Kunstidee der Goetheschen Zeit. Diese Kunstidee beinhaltete die oben angesprochenen Aspekte, nämlich eine indifferente Haltung des Künstlers gegenüber Zeitfragen. Die Goetheaner vertraten die Auffassung, dass sich die Kunst unabhängig von den zeitlichen Ansichten der Menschen, insbesondere der Moral, verhalten müsse. Heine war gegen die Ansicht dieser sogenannten Goetheaner, dass die Kunst eine höhere, unabhängige zweite Welt sei. Er war der Ansicht, dass der wirklichen Welt der Vorrang gebühre. Er sah die Kunstperiode einer schönen objektiven Welt, die durch Goethe begann, vor dem Ende. Heine erblickte in Goethes *Objektivität* dessen Größe, aber er war zugleich der Meinung, dass nun ein anderes Gestaltungsprinzip vorherrschen müsse. Und das war sein eigener Subjektivismus, den er der Goetheschen Objektivität gegenüber stellte. Ein weiterer Kritikpunkt im Zusammenhang mit Goethe war das durch ihn entstandene Goethetum. Hierunter verstand Heine weniger Goethes Denkweise oder sein Werk, sondern das Nacheifern und schlechte Kopieren einer „dummen Jüngerschar" [30], die sich dem alten Goethe anschloss. Heine war der Meinung, dass das, was Goethe durch Antizipation in sich trug, nämlich eine heile Welt, durch bloße Nachahmung von Seiten seiner Anhänger zur Lüge führen müsse: zum Goethetum. Heine ahnte, dass mit Goethes Tod, die von Goethe beeinflusste Kunstperiode und das Goethetum zu Ende gehen würde.

Knapp zwei Jahre vor Goethes Tod, am 28. Februar 1830, schrieb er an Karl August Varnhagen von Ense: „Es ist noch immer meine fixe Idee, daß mit der Endschaft der Kunstperiode auch das Goethetum zu Ende geht; nur unsere ästhetisierende, philosophierende Kunstsinnzeit war dem Aufkommen Goethes günstig; eine Tat der Begeisterung und der Tat kann ihn nicht brauchen."[31] Und kurz nach Goethes Tod schrieb Heine in den *Französischen Zuständen* vom 16. Juni 1832: „Ist es wirklich wahr, daß das stille Traumland in lebendige Bewegung geraten? Wer hätte das vor dem Julius 1830 denken können! Goethe mit seinem Eiapopeia, die Pietisten mit ihrem langweiligen Gebetbücherton, die Mystiker mit ihrem Magnetismus, hatten Deutschland völlig eingeschläfert, und weit und breit, regungslos, lag alles und schlief."[32] Es schien beinahe so als löste sich nun die Anspannung des *Jungen Deutschland*, auch wenn die Diskussion um die Stellung Goethes in Kunst, Literatur und Politik weiterging. Diese strenge Unterscheidung und Differenzierung zwischen dem künstlerischen Wollen Goethes und den unterschiedlichen Ausprägungen des Goethetums ist ein wichtiger und wesentlicher Verdienst Heinrich Heines.

Heine teilte mit Goethe die Abneigung gegen alle positiven Religionen.[33] Aber er war kein überzeugter Atheist. Er war weder ein Freund von Fichtes Ansicht, dass Gott nur ein Hirngespinst sei, noch konnte er sich mit dem Materialismus der deutschen Revolutionäre anfreunden. Für Heine ging es nicht darum, das religiöse Gefühl anderer zu verspotten, sondern er wollte die Äußerungsformen der Religion kritisieren. Er war ein Gegner des kirchlichen Unwesens. Er sah seine Aufgabe darin, Gottes- und Götzenbilder zu zerschlagen, da diese den Menschen daran hinderten, zu wachsen und eine reifere, größere und tiefere Erfahrung der Gottheit, im Sinne einer pantheistischen Welt, im Wege standen. Der Mensch habe durch Götzenbilder vergessen, dass er selbst ein Teil der Gottheit sei. Heine schrieb: „Im Menschen kommt die Gottheit zum Selbstbewusstsein, und solches

Selbstbewusstsein offenbart sie wieder durch den Menschen. Aber dieses geschieht nicht in dem einzelnen und durch den einzelnen Menschen, sondern in und durch die Gesamtheit der Menschen, so dass jeder Mensch nur einen Teil des Gottweltalls auffasst und darstellt, alle Menschen zusammen aber das ganze Gottweltall in der Idee und in der Realität auffassen und darstellen werden."[34]

Abschluss

Allein die tiefe und vielfältige Auseinandersetzung Heines mit der Kritik an Goethe offenbart letztlich die tiefe Bedeutung Goethes für ihn. Es ist auch die Anerkennung des Dichters und Menschen *Goethe*, die ihn antreibt; umgekehrt trifft Heine – analog zu der tiefen Bedeutung – die *Missachtung* des Dichterfürsten schwer. Heine bewunderte die Machtstellung, die Goethe in der deutschen Literatur einnahm, die Vielseitigkeit und Größe seines Werkes, die sich beim jungen Goethe im *Werther* widerspiegelt. Hierfür zollte er ihm Anerkennung. Aber der physische, reale, der praktische Goethe, der Indifferentist, der sich nicht einsetzte für Freiheit, Gleichheit und Brüderlichkeit, war Heine ein Gräuel. Dieser Goethe war für ihn letztlich ein *Anti-Werther*. Hinzu kommt: Goethes Zeitalter war zu Ende, seine Zeit abgelaufen. Er stand einer neuen Zeit im Wege, bremste eine neue Entwicklung. Es scheint fast so, als habe sich Heine von Goethe emanzipieren müssen, um zu eigener Größe gelangen zu können. Dass Heine überhaupt ein Treffen – eine *Audienz* – mit Goethe wollte, lag sicherlich daran, dass dieser einen großen Einfluss auf das Literaturgeschehen hatte. Eine Förderung von Seiten Goethes wäre für jeden angehenden oder sich gerade etablierenden Dichter von Vorteil gewesen.
Heines Goethebild speist sich aus unterschiedlichen Quellen. Einige davon konnten hier nur kurz angesprochen werden, beispielsweise Heines Beziehung zu Hegel oder zum Saint-Simonismus. Andere Quellen wurden nicht angesprochen, da sie zu weit vom eigentlichen

Thema geführt hätten; hier wäre u.a. Heines Beziehung zu Marx zu nennen. Der Ausgangspunkt an dieser Stelle war Heines Beziehung zu Goethe und die darin implizit enthaltene Version eines aufrichtigen und echten, eines *poetischen Lebens*. Wie war aber Goethes Beziehung zu Heine? Lassen wir Goethe abschließend selber sprechen. Seine einzige dokumentierte Äußerung zu Heine war:
„Heine von Göttingen"[35]

Anmerkungen

[1] Vgl. Hermand, Jost: Von Mainz nach Weimar (1793-1919) – Studien zur Deutschen Literatur, J. B. Metzlersche Verlagsbuchhandlung und C. E. Poeschel Verlag, Stuttgart, 1969, S. 135.
[2] Vgl. Maché, Ulrich: Der junge Heine und Goethe, in Koopmann, Helmut (Hrsg.): Heinrich Heine, Wissenschaftliche Buchgesellschaft, Darmstadt, 1975, S. 156 ff.
[3] Briegleb, Klaus: Heinrich Heine – Sämtliche Schriften, Band II (Band II herausgegeben von Günter Häntzschel), Carl Hanser Verlag, München, 1971, S. 34.
[4] Vgl. Maché, Ulrich: Der junge Heine und Goethe, in Koopmann, Helmut (Hrsg.): Heinrich Heine, Wissenschaftliche Buchgesellschaft, Darmstadt, 1975, S. 157.
[5] Kaufmann, Hans: Heinrich Heine – Werke und Briefe in zehn Bänden, Band VIII, 2. Auflage, Aufbauverlag, Berlin und Weimar, 1972, S. 109 f.
[6] Ebd. S. 125 f.
[7] Vgl. Hermand, Jost: Von Mainz nach Weimar (1793-1919) – Studien zur Deutschen Literatur, J. B. Metzlersche Verlagsbuchhandlung und C. E. Poeschel Verlag, Stuttgart, 1969, S. 137.
[8] Kaufmann, Hans: Heinrich Heine – Werke und Briefe in zehn Bänden, Band VIII, 2. Auflage, Aufbauverlag, Berlin und Weimar, 1972, S. 140.
[9] Beispielsweise in einem Brief an Karl Immermann schreibt er: „Ihre Schrift über Goethe und Pustkuchen hab ich nochmals gelesen und nicht genug bewundern können. Sie verdienen die größte Würdigung.", ebd. 123 f.; oder im vorangegangenen Zitat: „Varnhagens Zusammenstellung über Goethe hab ich zu Gesicht bekommen; es ist ein literarischer Triumphbogen.", ebd. S. 126.
[10] Diese Auskunft gibt uns Heine selbst, wenn auch einige Jahre später, in seinem Werk „Zur Geschichte der Religion und Philosophie in Deutschland", wo er schreibt: „ ‚Der große Heide' ist nämlich der Name, den man in Deutschland dem Goethe beilegt.", Briegleb, Klaus: Heinrich Heine – Sämtliche Schriften, Band III (Band III herausgegeben von Karl Pörnbacher), Carl Hanser Verlag, München, 1971, S. 618.

[11] Vgl. Dietze, Walter: Junges Deutschland und deutsche Klassik, Rütten & Loening, Berlin, 1981, S. 59.
[12] Kaufmann, Hans: Heinrich Heine – Werke und Briefe in zehn Bänden, Band VIII, 2. Auflage, Aufbauverlag, Berlin und Weimar, 1972, S. 166.
[13] Vgl. Mende, Fritz: Heinrich Heine – Studien zu seinem Leben und Werk, Akademie-Verlag, Berlin, 1983, S. 93.
[14] Hermand, Jost: Von Mainz nach Weimar (1793-1919) – Studien zur Deutschen Literatur, J. B. Metzlersche Verlagsbuchhandlung und C. E. Poeschel Verlag, Stuttgart, 1969, S. 134.
[15] Kaufmann, Hans: Heinrich Heine – Werke und Briefe in zehn Bänden, Band VIII, 2. Auflage, Aufbauverlag, Berlin und Weimar, 1972, S. 171 f.
[16] „Die Stadt Göttingen, berühmt durch ihre Würste und Universität, [...]", Heine, Heinrich: Die Harzreise, Reclam, Ditzingen, 1997, S. 5.
[17] Kaufmann, Hans: Heinrich Heine – Werke und Briefe in zehn Bänden, Band VIII, 2. Auflage, Aufbauverlag, Berlin und Weimar, 1972, S. 192.
[18] Briegleb, Klaus: Heinrich Heine – Sämtliche Schriften, Band III (Band III herausgegeben von Karl Pörnbacher), Carl Hanser Verlag, München, 1971, S. 390.
[19] Briegleb, Klaus: Heinrich Heine – Sämtliche Schriften, Band II (Band II herausgegeben von Günter Häntzschel), Carl Hanser Verlag, München, 1971, S. 376.
[20] Kaufmann, Hans: Heinrich Heine – Werke und Briefe in zehn Bänden, Band VIII, 2. Auflage, Aufbauverlag, Berlin und Weimar, 1972, S. 362.
[21] Ebd. S. 198.
[22] Vgl. Loewenthal, Erich: Studien zu Heines „Reisebildern", Mayer&Müller, Berlin und Leipzig, 1922.
[23] Vgl. Dietze, Walter: Junges Deutschland und deutsche Klassik, Rütten & Loening, Berlin, 1981, S. 27 ff.
[24] Elster, Ernst: Heines Sämtliche Werke, Band VII, Leipzig, 1924, S. 254; zit. n. Dietze, Walter: Junges Deutschland und deutsche Klassik, Rütten & Loening, Berlin, 1981, S. 34.
[25] Briegleb, Klaus: Heinrich Heine – Sämtliche Schriften, Band III (Band III herausgegeben von Karl Pörnbacher), Carl Hanser Verlag, München, 1971, S. 397.
[26] Vgl. Dietze, Walter: Junges Deutschland und deutsche Klassik, Rütten & Loening, Berlin, 1981, S. 41 ff.
[27] Kaufmann, Hans: Heinrich Heine – Werke und Briefe in zehn Bänden, Band VIII, 2. Auflage, Aufbauverlag, Berlin und Weimar, 1972, S. 286.
[28] Briegleb, Klaus: Heinrich Heine – Sämtliche Schriften, Band III (Band III herausgegeben von Karl Pörnbacher), Carl Hanser Verlag, München, 1971, S. 618.
[29] Briegleb, Klaus: Heinrich Heine – Sämtliche Schriften, Band III (Band III herausgegeben von Karl Pörnbacher), Carl Hanser Verlag, München, 1971, S. 394.

[30] Vgl. Mende, Fritz: Heinrich Heine – Studien zu seinem Leben und Werk, Akademie-Verlag, Berlin, 1983, S.100.
[31] Kaufmann, Hans: Heinrich Heine – Werke und Briefe in zehn Bänden, Band VIII, 2. Auflage, Aufbauverlag, Berlin und Weimar, 1972, S. 362.
[32] Briegleb, Klaus: Heinrich Heine – Sämtliche Schriften, Band III (Band III herausgegeben von Karl Pörnbacher), Carl Hanser Verlag, München, 1971, S. 209.
[33] Vgl. Loewenthal, Erich: Studien zu Heines „Reisebildern", Mayer&Müller, Berlin und Leipzig, 1922, S. 96.
[34] Briegleb, Klaus: Heinrich Heine – Sämtliche Schriften, Band III (Band III herausgegeben von Karl Pörnbacher), Carl Hanser Verlag, München, 1971, S. 569.
[35] Eintrag in Goethes Tagebuch. In Raddatz, Fritz J.: Heine – Ein deutsches Märchen, Rowohlt, Reinbeck bei Hamburg, 1988, S. 34.

Nachweise

Die hier versammelten Aufsätze sind fast alle zuerst in *Thepakos*$^+$ erschienen. Für den vorliegenden Band wurden aber bei einigen Aufsätzen Korrekturen und kleinere Ergänzungen vorgenommen, so dass die Beiträge nicht zwangsläufig wortgleich mit ihrem Pendant in *Thepakos*$^+$ sind. Der Beitrag „Denken in Modulen – Ästhetik, Kreativität und das Neue" ist ein bisher unveröffentlichter und originärer Beitrag für diesen Band.

Die Kunstform des Schauspielers – Zu Georg Simmels *Zur Philosophie des Schauspielers*⍰ Zuerst in Thepakos$^+$ Nr. 1, August 2006, S. 6-9.

Friedrich Schiller *Der Verbrecher aus verlorener Ehre* – Philosophische und soziologische Implikationen. Zuerst in Thepakos$^+$ Nr. 1, August 2006, S. 29-37.

Alles Theater? Zum Verhältnis von Theater und Gesellschaft. Zuerst in Thepakos$^+$ Nr. 2, Dezember 2006, S. 38.

Ästhetische Erfahrung. Zuerst in Thepakos$^+$ Nr. 3, April/Mai 2007, S. 18-23.

Commedia dell'arte – Ein Kurzüberblick über ihre Eigenarten. Zuerst in Thepakos$^+$ Nr. 4, August/September 2007, S.17-22.

Zum Verhältnis von Authentizität und Theatralität. Zuerst in Thepakos$^+$ Nr. 6, April/Mai 2008, S. 4-7.

Das Leben ist ein Spiel. Anmerkungen zu einem Begriff der (Post-)Moderne. Zuerst in Thepakos$^+$ Nr. 7, September 2008, S. 40-44.

Theater und Therapie. Zuerst in Thepakos$^+$ Nr. 8, Januar 2009, S. 33-40.

Die Wanderbühne – Eine Kurzdarstellung. Zuerst in Thepakos$^+$ Nr. 9, April 2009, S. 27-31.

Fragment einer ästhetischen Erziehung. Zuerst in Thepakos$^+$ Nr. 13, August/September 2010, S. 41-42.

Theater und Medien. Zuerst in Thepakos+ Nr. 14, Januar 2011, S. 43-46.

Eine kurze Geschichte des Hofnarren. Das Lachen als Demaskierung gesellschaftlicher und politischer Zustände. Zuerst in Thepakos+ Nr. 23, Januar 2014, S. 4-8.

Kleine Soziologie der Emotionen im Theater. Zuerst in Thepakos+ Nr. 26, Januar 2015, S. 4-10.

Vorüberlegungen zur Grundlegung einer Theatersoziologie. Zuerst in Thepakos+ Nr. 29, Januar 2016, S. 4-15.

Heine – Werther – Goethe. Von der Missachtung und Kritik zu einem poetischen Leben. Zuerst in Thepakos+ Nr. 30, April 2016, S. 32-42.